Jean Boucault - Johnny Rasse

Chanteurs d'oiseaux

Le fabuleux destin de deux enfants qui ont appris la langue des oiseaux

Les Arènes PUG

Avant-propos

Ce livre raconte notre histoire : celle de deux enfants de la baie de Somme passionnés par les oiseaux. Deux enfants qui ont développé très tôt un drôle de talent : celui d'imiter leurs chants, de dialoguer avec eux et de créer des ponts entre le monde des oiseaux et le nôtre…

Nous avons écrit ce livre ensemble mais séparément. Chaque chapitre donne le point de vue de l'un de nous. Nos voix se répondent. Pour vous aider à savoir qui tient la plume, nous avons choisi de mettre au début de nos textes un dessin d'oiseau : un goéland argenté pour Jean, un merle noir pour Johnny. Pourquoi ? Nous vous laissons le plaisir de le découvrir.

Jean Boucault  et Johnny Rasse 

Le goéland argenté

Debout sur une table d'amphi, je crie, je crie comme un goéland. Un goéland argenté ! C'est jour de bizutage à la faculté de pharmacie d'Amiens. Deux cent cinquante regards apeurés autour de moi et sur l'estrade en face une cinquantaine d'anciens, faluchés et déchaînés. Sur ordre, il a fallu trouver qui, parmi les premières années, criera le plus fort. Tout le monde y passe, et là c'est mon tour… Alors je crie, je crie à m'époumoner, d'abord en homme, puis de plus en plus fort, de plus en plus aigu, et les notes montent, et l'oiseau vient… Il décolle, je crie en goéland argenté, je hurle, je survole la foule…

Sauvé ! L'assemblée applaudit sous l'approbation des juges. Me voilà nommé « mouette officielle », les connaissances ornithologiques des étudiants de pharmacie étant assez limitées. L'année devrait bien se passer. J'ai toujours eu un peu peur des hommes – enfin, des foules, plus précisément… C'est plutôt étrange car, chaussant du 47 et taillant un bon mètre quatre-vingt-sept dès la classe de quatrième, j'ai toujours été celui dont la tête dépasse, pourtant j'étais bien incapable de me défendre. Paralysé dès qu'une situation s'envenime, ne sachant comment réagir, je ne redoutais rien de plus que cet instant. Cette fois-ci, c'est le goéland qui m'a sauvé… Mais qu'est-ce que je fais là ? Je vais devenir pharmacien comme mon père, alors que mon rêve était de soigner les oiseaux ?

Dans la rue, un rouge-queue noir chante, une bergeronnette grise lui répond, avec une fin ralentie, exactement comme la bergeronnette qui nichait dans la cour de récréation de l'école primaire d'Arrest, là où j'ai grandi.

Là où tout a commencé.

Les matins d'école

Pour moi aussi, l'histoire commence à Arrest. Un village de neuf cents âmes à cinq kilomètres à vol d'oiseau de la mer ; enfin la mer, plutôt la baie de Somme, car, chez nous, aller en mer c'est partir en baie de Somme. Ce petit bourg, entre bosquets et pâtures inondées, est traversé par un petit ruisseau nommé l'Avalasse qui se laisse survoler par les goélands le soir, répondant au chant des grives musiciennes, dialogue improbable entre terre et mer. Les anciens du village affirment qu'il y a fort longtemps les chevaux s'arrêtaient ici pour se restaurer avant de partir et de traverser le pays, une sorte d'arrêt en pleine transhumance commerciale d'antan. Le nom du village était trouvé : Arrest. Une place, une poste, une école municipale, une boucherie, un stade de football, un café à l'ancienne ; et une rue principale, la rue Catigny, avec sa pharmacie, la seule du coin.

À une rue de là, la grande croix verte clignote dans ma chambre d'enfant. Je m'endors angoissé, apeuré par les ombres et les fantômes de l'enfance, mais la veilleuse verte stroboscopique m'aide à supporter le noir. Peu à peu, dans la canopée des arbres fruitiers de la cour, je perçois des murmures de plumes, de petits corps, d'ailes : les oiseaux m'apaisent et me permettent de trouver le sommeil. À mon réveil, je me hâte de les dessiner frénétiquement, et ces anges gardiens couchés sur le papier deviennent des offrandes pour mes parents. Chaque oiseau m'enchante dans mon sommeil et me berce en éloignant de ses grandes ailes le nuage sombre de mes angoisses. Je dors et je me sens protégé, comme couvé par ces êtres que mon père semble aimer plus que son propre fils.

Mes tables sues, ma poésie apprise, je pars chaque matin avec ma mère et mon frère sur le chemin de l'école, à quinze minutes à pied. Ma mère est très fière quand, avec mon plus beau sourire, je salue d'un grand « bonjour, madame » la postière, puis la voisine, et les gens sortant du café ou de l'église.

Approchant des grands tilleuls de la cour d'école, je vois défiler tous les parents avec leurs enfants, à pied, en voiture, pressés, surchargés, timides, fiers... Des cris, des pleurs, et soudain trois claquements de mains bien sonores. Tous les enfants s'arrêtent et, comme de petites ballerines, se rangent face à leur classe.

J'adore cette école, mes instituteurs, les activités scolaires et les sorties en tout genre, particulièrement celles du parc du Marquenterre, à la Maison de l'oiseau... Je connais tout sur les oiseaux, c'est le moment où je peux enfin briller. Mais, chaque fois que j'essaie de le démontrer à mes copains d'école et aux accompagnateurs, en répondant avec fierté que le tadorne de Belon est un canard au costume d'arlequin qui se cache et niche dans les terriers de lapin, une voix se lève à droite ou à gauche pour souffler : « C'est incroyable, Johnny est comme un oiseau ! Mais le fils Boucault est encore plus fort que lui... »

Comment est-ce possible ? Moi qui sais tout de ces oiseaux, leurs plumes, leurs couleurs, leurs chants, leurs becs, leurs attitudes... Mais les chuchotements venant du fond vont bon train : le fils Boucault, paraît-il, peut citer chaque nom de famille d'oiseaux, en français et en latin, il connaît les nouvelles nomenclatures des espèces et affirme être en contact avec les plus grands ornithologues de la région.

Je vois très bien qui est ce fils Boucault. C'est le fils du pharmacien. Il est immense à mes yeux et me dépasse de trois têtes. Il est plus vieux que moi de deux ans, et déjà en CM1. Il traîne toujours au retour de l'école avec son cartable vissé sur ses épaules comme un parachute.

Il passe parfois par le terrain de football en bas de chez moi. Il semble si gauche avec ses bottes en caoutchouc que son surnom était tout trouvé : Bottes en caoutchouc. Il ne fait pas de sport, traverse le terrain sans un regard, ne manifestant aucune envie de courir après un ballon... Alors que pour moi le football est synonyme de liberté, un moment de partage et de communion, des équipes formées à la volée, sans séparation par tranches d'âge, où nous pouvons nous confronter à des ados de seize ans. J'ai la chance d'être doué, de briller et de me faire des amis grâce à ce sport.

19 heures, mon père est rentré du travail, l'odeur de la bergerie dans notre maison est proche de l'insupportable. Même si ma mère s'est affairée à envoyer le plus vite possible les vêtements de travail dans le panier à linge sale, rien n'y fait, le troupeau de moutons s'est imprégné dans les murs de la maison. Mon père est le petit salarié d'un riche propriétaire terrien possédant des bêtes, des terres, un château, et même un titre de noblesse. L'odeur de l'ouvrier agricole lui colle à la peau. Certains parleraient de l'odeur de la classe ouvrière, du labeur, de la pauvreté, mélange entre sueur, fatigue et animalité. Pour moi, c'est l'odeur du soir.

Avis préfectoral

Sur les trois dossiers de création d'une officine de pharmacie portés par mon père, c'est celui du village d'Arrest qui est accepté par le préfet de la Somme. J'ai deux ans. Nous quittons une vie toulousaine et ses chocolatines pour atterrir dans ce qui deviendra mon carré magique : Saint-Valery-sur-Somme, Le Crotoy, Boismont et Catigny. Très vite, je découvrirai que l'avis préfectoral m'a parachuté pile en dessous de ce qui se révèle être la voie migratoire maritime majeure des oiseaux du paléarctique[1] occidental.

Oui, juste en dessous de la voie ! Dans les livres, on survole la carte, mais là mes yeux d'enfant n'auront qu'à se lever vers le ciel pour observer avant l'hiver les oiseaux descendre vers l'Afrique, et au printemps remonter vers le cercle polaire.

Je grandis avec bonheur dans ce village-rue s'étendant sur presque deux kilomètres, affublé du

1. Paléarctique : une des huit écozones ou zones géographiques qui divisent le monde.

titre honorifique de « fils du pharmacien ». C'est sur le chemin de l'école que tout commence. Surtout au retour. Il est convenu avec l'autorité parentale que je peux revenir à vélo ou à pied à la condition de ne pas trop traîner en route. Je rogne ainsi un petit moment sur les devoirs et assouvis mon besoin d'observation.

Je *nague*[1] les cours des fermes, et je *rebaye*[2] partout. Car à cette heure-ci, dans le ciel, se déroule un étrange manège. Celui de la grande cohorte des mouettes et des goélands volant en V et rejoignant au couchant la baie pour y passer la nuit. Dès que le groupe aperçoit le rivage au loin, une clameur retentit, d'abord lancée par l'oiseau de tête, puis vite reprise par le reste de la troupe. Le vieux goéland retardataire ou l'éclopé à l'arrière sont ainsi prévenus de l'arrivée imminente du matelas de sable et d'écume de la prochaine nuit.

J'assiste soir après soir à ce cérémonial dont la féerie touche l'absolu lorsque les oiseaux se regroupent dans le couchant de l'automne. Et c'est là, entre la pâture Lelong et la maison Aliamet, qu'un beau jour c'est arrivé…

Je marche. Un petit groupe de Laridés en vol furtif me surplombe, crie et me fait sursauter. Je me retourne, laisse passer la trentaine d'oiseaux et, sans savoir pourquoi, je me mets à crier. Un cri à la fois de stupeur et d'appel. Un cri sorti de moi, en reflet du

1. *Naguer* : regarder avec curiosité en picard.
2. *Rebayer* : regarder avec l'envie de comprendre.

chant que je connais. Chant de ceux qui viennent de me survoler.

Aussitôt, virage à gauche de la formation qui repique vers l'est, ailes serrées. Elle repasse au-dessus du hangar de la ferme et me survole de nouveau, en émettant ce petit cancanement caractéristique du goéland qui cherche le contact. Et ils repartent. Je crie, ils reviennent... Ils me répondent. Entre moi et les oiseaux, juste ma voix et leurs voix à l'unisson. Je vole, emporté avec eux, entraîné par ce fil sonore qui me relie au ciel...

Une bande d'oiseaux plus haute et très bruyante débauchera mes amis ailés pour les emmener loin de leur nouveau frère cloué à terre.

Je sais chanter comme un goéland argenté ! Dorénavant, chaque soir, qu'il vente ou qu'il pleuve, dès que la grille de l'école s'ouvre, je vais à mon rendez-vous. J'expérimente peu à peu les différents cris en fonction de l'âge de la hiérarchie, jusqu'aux appels des jeunes qui quémandent.

Peu à peu, les jours rallongent et nos horaires ne coïncident plus... Alors je fais la découverte des chants de la rue. Chez les Monchaud, des oies, chez Tcho Pierre, un coq et des pigeons, dans le cerisier des Gardin, un merle ou une grive. Des coqs et des poules chez les Blondin et les Seigneur, mais ce sont de petites poules bien sauvages à qui on ne la fait pas. Au 56 de la rue de Catigny, six poules et trois coqs. Les sussex herminées sont dans la pâture. Leur blancheur rehaussée d'un petit collier noir se reflète dans leurs crêtes rouge vif. Elles se donnent un drôle d'air avec leur plumage d'aristocrates qui se pavanent dans l'herbe, semblant savoir au fond d'elles-mêmes qu'elles sont les plus belles poules du quartier.

Quelques petits cris gutturaux de contact pour faire ami-ami (« *peuuouh* »). Les coqs me toisent. Parfait.

Rester au grillage quelques minutes pour se faire oublier, les regarder et devenir coq peu à peu. Se redresser. Bloquer l'œil au fond de l'orbite et allonger le cou, lui redonner sa mobilité et lui offrir le prolongement qui accompagne le regard. Le corps s'incline. Le poids sur l'avant des pieds, les genoux légèrement fléchis, bomber le croupion et faire vivre soudainement une queue qui aurait poussé en quelques instants. Je suis prêt. Le concert des coqs d'Arrest va commencer.

Battre des ailes cinq fois en accelerando 1/2/3/4/5 en tapant ses mains sur ses cuisses et attendre sept secondes puis recommencer, tel un chef d'orchestre qui donne la mesure et s'assure que tout le monde est à l'unisson. Là, et seulement là, je peux attaquer le cocorico.

La réponse ne se fait pas attendre. D'abord un coq sussex se lance avec ardeur, puis un cayen jaloux d'un tel ténor lance son cri à son tour. Et de cour de ferme en cour de ferme, de sussex en marans, de wyandotte en nègre-soie, le village tout entier devient un orchestre poulailler.

Mon orchestre volailler.

Le berger aux oiseaux

Je passe les samedis après-midi de mon enfance chez mes grands-parents, une maison aux allures d'ancienne ferme, avec des hangars, des poules, des coqs, un grand potager, des clapiers à lapins… et surtout un parc clôturé qui nous est interdit, fermé par une chaîne et un cadenas. De la fenêtre, ma grand-mère surveille nos faits et gestes. Gare aux écarts de conduite ! La règle est claire : interdiction de faire le moindre pas ailleurs que sur les dalles. Pas un pied dans les rhubarbes ou les rangs de pommes de terre. Le surnom de notre grand-mère est vite trouvé : « Contrôleuse de pas ». Elle scrute nos empreintes. Vérification faite, nous avons le droit à une part de clafoutis maison, et tant pis s'il est un peu rance ou trop sucré : si c'est dans l'assiette, c'est dans l'estomac.

Comme chaque samedi, mon père vient prendre une clé au-dessus de la pendule et se dirige dehors, suivi par mon grand-père. Cette fois-ci, mon petit frère et moi sautons de notre chaise pour leur emboîter le pas. Mais nous sommes arrêtés en plein élan par la voix ferme de la contrôleuse : « Là-haut c'est pour les grands ! » Je ne peux m'empêcher de répondre : « Mais je suis grand ! Je fais 1 mètre 21 et 21 kilos et 300 grammes ! C'est l'infirmière qui l'a dit à maman ! » Et de pointer mon frère du doigt : « Lui, il est petit ! » Mon grand-père m'attrape le bras et laisse mon frère sur place. Ça y est, me voilà devant la grille au cadenas. Un coup de clé, et un immense éden vert peuplé de grands arbres s'ouvre devant moi…

Mon père se dirige vers un tronc et s'empare d'une énorme épuisette bricolée avec un filet à pommes de terre. Mon grand-père, armé d'un bâton et d'un sac en toile de jute, se place un peu plus loin. Nous sommes tous les trois silencieux face à une étendue d'orties, totalement immobiles. J'ai bien vu, je ne rêve pas, la masse d'orties vient de bouger… Je tends l'oreille, j'entends des *pschuuut*, *pschuuut* toutes les trois secondes. Il y a un truc dans les orties, c'est sûr. Mon père et mon grand-père se tiennent prêts.

« Ne bouge pas ! Ils vont sortir ! » crie mon père.

Aucun risque : je suis pétrifié. Mon cœur bat dans mes tempes et j'ai l'impression de vaciller. Je n'entends qu'un seul bruit, un chuintement, ce *pchuuut* inexorable qui persiste comme un métronome. L'océan d'orties s'agite de nouveau… Mais ce truc est géant ! Voilà donc le pourquoi du cadenas : il y a un monstre au fond du jardin, et on doit l'attraper. Mon père, avec son épuisette, me paraît bien mal équipé. Quant à mon grand-père, avec son bâton, je n'en parle même pas…

Soudain une tête verte surgit, ornée d'un bec jaune doré, avec un petit col blanc accroché à un long cou tendu. Je la reconnais immédiatement : c'est celle d'un canard colvert, « *ch'maillard* » en picard. Son regard de défi me soulage d'un coup. Alors c'est lui, le monstre des orties ?! Dans un bâillement, il étire grand son bec et lance son cri, c'est à dire rien, juste un discret chuintement, *pschuuut*, comme si sa beauté de canard lui suffisait. Notre monstre, pas si impressionnant que ça finalement, est aphone…

D'un coup, mon grand-père se met à agiter furieusement le sac en toile de jute. À cet instant, une, puis deux, puis cinq et enfin une centaine de têtes apparaissent à la cime de la forêt d'orties. Voilà le corps du monstre, une troupe d'une centaine de canes ! Pour un seul et unique mâle ! Aucune de ces nouvelles têtes n'a l'allure de celle du maillard. D'un plumage couleur feuille morte et arborant un bec brun-gris, elles sont de la même espèce, mais leur couleur et leur attitude sont différentes : les canes sont plus curieuses et plus espiègles.

L'une d'elles, à la tête plus claire que les autres, tend le cou comme une tige attirée par la lumière. Elle se gonfle d'air et se met à hurler de plaisir en regardant le soleil qui vient d'apparaître. Sa voix est puissante et pure. À la première note, je suis électrifié. Une cane à la voix de diva…

Comme après un *la* donné à l'orchestre, une centaine d'individus se lancent à l'unisson. Les branches des grands arbres en tremblent. Toutes les canes se sont mises à chanter, dans un vacarme incroyable. Impossible de s'entendre. Mon père désespère, il me fait des signes pour avancer ou reculer, je n'en sais rien, je n'entends pas. Mon grand-père, quant à lui, est déjà sourd, pour lui ça ne change pas grand-chose… Des centaines de becs tournés vers le soleil chantent en chœur. La fin de l'éclaircie sonne l'arrêt de notre ensemble. Le calme revenu, mon père et mon grand-père avancent droit sur les orties, sans un mot, déterminés. D'un geste de la main, mon père m'ordonne de le suivre. Dans un fracas de plumes et d'ailes, canes et canard chahutent en essayant de décoller. En vain. Leurs corps restent cloués au sol. Ils piètent devant nous comme des lézards apeurés. La centaine d'individus est coincée dans un coin du parc qui sert d'entonnoir. Tel le berger qui fait son tri pour la tonte, mon père attrape une à une les canes à l'épuisette. Une fois la cane prise dans le filet, d'un geste précis et rassurant, il l'empoigne par les ailes.

Je le vois, l'oiseau dans les mains, ailes bloquées, qui tend les deux bras vers le soleil. Comme s'il avait gagné la coupe du monde. Mais que fait-il ? La cane jusque-là muette pousse un chant qui ne s'arrête plus. De tout son souffle, elle déploie sa capacité d'air et expulse ses notes en continu. Un chant long, fort, qui transperce le parc. Un chant de la trempe des plus grandes chanteuses. Ses *quinnnnn... quinnnn... quinnnn... quinnnn... quinnnn...* sortent par salves de cinq. Les deux juges paraissent satisfaits de cette prestation surréaliste. Mon grand-père a beau être sourd, il acquiesce et mon père lance : « Long-cri, très pur », en déposant délicatement son trésor dans le sac en toile de jute.

Blottie au fond du sac, la cane se calme. Elle ne bouge plus. C'est moi qui tiens le sac et mon rôle consiste juste à le maintenir fermé pour qu'elle n'en sorte pas. Dès que je l'entrouvre, la voix ferme de mon père résonne : « Ferme le sac, elle va se barrer ! » Mais moi, j'ai trop envie de caresser la cane, de lui faire un bisou et de la relâcher. Mon père me rabroue : « Pourquoi tu chiales, tu vas retourner avec ta mère ! On peut rien lui dire, il brait ! »

Je pleure devant cette petite cane blottie dans le noir au fond du sac. Je sais qu'elle a peur elle aussi. Nous sommes tous les deux piégés au fond du jardin. La prochaine cane sélectionnée par l'épuisette ne connaîtra heureusement pas le même sort. Sa belle couleur marbrée annonçait pourtant une voix unique. Elle s'époumone et lance un simple *quin*... au timbre éraillé. Mon père la relâche immédiatement. Elle rejoint son tas d'orties. Je suis heureux...

Hélas, sur la centaine de canes, une dizaine finira dans le sac. Le bec grand ouvert, les chanteuses vocalisent face au soleil, de toutes leurs forces. Chaque fois s'élève un chant unique et différent. Un chant fort, intense, qui prend aux tripes. Je vois passer une « long-cri », une « court-cri », une « demi-cri », une « amassoir »... C'est un véritable casting en plein air, un concours de vocalises lyriques où chacune rêve d'être la nouvelle soprano, la future colorature. La hauteur du chant, le rythme et la longueur de la séquence définissent le rôle de la cane. Les solistes sont incroyablement plus puissantes que les autres, qui sont renvoyées au rang de choristes dans la fosse à orties.

Entre orties et peupliers, les auditions durent près d'une heure. Enfin, le sac en toile de jute est refermé d'une corde à ballot de paille. Mon père part sans m'attendre. Mon grand-père me sourit, gêné. Je suis étonné du calme et de la sérénité de ces canes plongées dans le noir complet du sac. Je les imagine se marchant dessus, ne sachant pas où elles vont. D'ailleurs, où vont-elles ?

Une Mercedes vient de se garer dans la cour. À côté du tracteur, deux hommes en costume. Mon père s'exclame en arrivant à la barrière : « Merde ! *Ches parigos sont déjà lo.* » L'échange est cordial. Avec un accent bizarre, ils discutent d'attaches, de vents, de hutte, de baie de Somme et de cris. Je comprends à demi-mot que mon grand-père loue à ces Parisiens de sublimes canes chanteuses. Elles seront positionnées de façon précise en fonction des vents de la migration afin de crier pour attirer leurs congénères. La famille de mon père est connue pour posséder la science de l'attache et les meilleures canes chanteuses de la région. C'est le métier de mon grand-père. Mais à force de chasser il est devenu sourd, et c'est mon père qui lui sert d'oreille absolue pour le choix des canes. Sans lui, pas de sac, pas de canes et pas de Parisiens… Pour 100 francs déposés sur la table, le sac de canes est prêté avec, en prime, la nuit de hutte. La Mercedes redémarre, conduisant les Parisiens vers la baie. Ils reviendront demain midi avec les canes, qui retrouveront alors une petite liberté.

L'échange fini, mon père et mon grand-père m'emmènent à pied au village de Forest-Montiers. Après cinq cents mètres d'une petite marche entre les ruelles et le café de la place, nous débouchons sur un pâturage de plusieurs hectares sans enclos ni frontière, traversé par un ruisseau assez large. Planté au milieu de l'immense pré, face au vent, mon grand-père s'arrête, puis frappe plusieurs fois le sol à l'aide de son bâton. Les sourcils froncés, la bouche entrouverte, il émet un léger sifflement, très aigu, en laissant passer un filet d'air entre ses dents. Le son ressemble à s'y méprendre à celui d'un caneton perdu. Cette petite phrase d'appel, plusieurs fois répétée, agit comme un aimant. Peu à peu, je vois la petite rivière se remplir au rythme des sifflements. Des centaines de canards, invisibles jusque-là, s'amassent dans le couloir d'eau. Inlassablement, mon grand-père reprend son appel.

Les oiseaux nous entourent maintenant, ils sont calmes et apaisés. Nous sommes au milieu d'une marée de canards colverts mâles et femelles, qui barbotent autour de nous sans aucune crainte. Mon père se tient en retrait, mon grand-père s'avance doucement. Les canards s'écartent et lui ouvrent un passage, séparant en deux la foule immense. Il émet alors un nouveau son, légèrement différent de la phrase d'appel. C'est le signal de départ. Son bâton à la main, il s'engage dans les rues du village, suivi du long défilé des canards. Il conduit cette transhumance improvisée à l'aval de la rivière, où l'eau est plus pure et où abondent les lentilles d'eau, dont raffole son troupeau. Le berger aux oiseaux laisse alors les canards voguer dans cet immense espace.

Dans l'estaminet de la place du village, on trouve la mémoire de cette traversée. C'est une photo encadrée sur la cheminée de la salle de réception. L'objectif du photographe a capturé mon grand-père, la main posée sur son bâton, la casquette vissée sur la tête et toute sa compagnie de canards autour de lui.

Mon canard

« Moi vivante, il n'y aura jamais d'animaux à la maison ! » Inexorable réponse maternelle à la question d'avoir un chien, un chat ou même des poules… Et pourtant, des animaux à la maison, on en a, enfin surtout sur nos têtes. Je me demande bien si nous ne sommes pas, ma sœur et moi, les plus pouilleux du village ! On dit que le fils du cordonnier est mal chaussé et je me demande si, au niveau du shampooing anti-poux, nous n'avions pas plutôt accès à la réserve des produits périmés.

Dernier dimanche d'août. C'est la fête du village, j'ai neuf ans et pour la première fois je suis autorisé à y aller seul. Ça claque, ça pète, ça grince, ça hurle… Des tirs à la carabine sur des ballons de toutes les couleurs, des balançoires au bout de chaînes qui tournent à toute vitesse, des barbes-à-papa énormes réalisées de main de maître par une femme encore plus énorme et aux mains crasseuses. Et surtout, devant la salle des fêtes, un abreuvoir à vaches métallique, rond, grand comme la lune et rempli d'eau.

L'abreuvoir est entouré de barrières Vauban placées comme un halo empêchant le public d'avoir accès à l'onde. Derrière les barrières, des dizaines de personnes hilares. Vite, je me fraye un passage et, entre deux jambes et un coude, j'arrive à apercevoir l'objet de tant d'attraction : des canards ! Sur l'abreuvoir flottent trois canards vivants, attrapés dans une cour de ferme au petit matin et qui n'en reviennent pas, en plein mois d'août, d'avoir accès à tant d'eau pure.

« 5 francs les trois anneaux, 5 francs les trois anneaux ! » hurle Tcho Pierre.

Dans la foule, chacun attend son tour pour lancer avec l'habileté d'un chirurgien aviné les anneaux vers la mare. Dans le cas où l'un d'eux, miraculeusement, s'enroule autour du cou d'un canard, l'heureux lanceur a la chance, sous les hourras de l'assemblée, de repartir avec la bête au collier. Chance ou pas, il faut compter une bonne centaine de lancers pour un succès. Et, dès qu'un canard nous quitte, d'une caisse en osier est aussitôt sorti un remplaçant, question d'égalité des chances.

J'observe le comportement des canards et remarque que l'un d'eux, ou plutôt l'un des trois, a trouvé le truc. C'est un mâle colvert magnifique, avec une tête qui commence à prendre des nuances vert irisé. Il flotte tellement haut sur l'eau qu'il donne l'impression d'avoir pied. Et forcément, sa beauté attise les convoitises.

Les lanceurs d'anneaux ne veulent que lui mais, en vieil habitué, bien décidé à ne pas repartir dans les bras d'un inconnu, à chaque lancer il plonge la tête dans l'eau, laissant l'anneau choir mollement à la surface dans un *splash* de déception générale.

Soudain, j'entends mon nom retentir. Mon cœur s'arrête. C'est Tcho Pierre qui interpelle mes parents. Ils sont venus à la fête finalement.

« Allez, m'dame ! 5 francs les trois anneaux, c'est pour payer les déplacements du club de football. »

Alors je vois ma mère s'avancer crânement, payer 5 francs et récupérer trois anneaux. Je me cache, je m'attends à la risée générale. Elle lance pourtant, avec assurance, un premier anneau orange et un deuxième anneau bleu qui n'atteignent même pas le bac.

« Plus fort ! » exhorte la foule.

Le dernier, le rouge, rebondit miraculeusement sur le bord du bac, roule comme un équilibriste en suivant la courbe arrondie de la tôle et se jette dans l'eau comme un cycliste sans freins. L'anneau plonge puis remonte verticalement et, sans vitesse, vient chavirer lamentablement à la surface. Le magnifique canard, qui n'a pas anticipé la course hasardeuse de l'anneau, a comme à son habitude plongé la tête. Mais soudain, sous les yeux ébahis de la foule, l'oiseau ressort son col et, involontairement, le passe dans l'anneau vainqueur.

Gagné ! Ma mère a gagné ! On lui tend le canard qui se débat, en proche cousin des sauriens équipés de griffes, d'un bec et de puissantes ailes, comptant bien punir l'heureuse élue. Je saute de joie. Je me précipite vers ma mère, me saisis du canard en immobilisant ses ailes comme je l'ai vu faire tant de fois dans les fermes. Le canard entre les mains, j'annonce triomphalement à qui veut l'entendre que nous ne le mangerons jamais. Le mari de l'institutrice nous propose de le prendre en pension, le temps que nous nous retournions…

Des soirs durant, je dévore des livres d'ornithologie. Canard colvert : *Anas platyrhynchos* : ansériforme, de la famille des Anatidés, poids : entre 850 grammes pour les femelles et 1 400 grammes pour le mâle. Canard de surface le plus commun, au dimorphisme sexuel important. Le mâle dispose sur sa tête et son cou d'un plumage vert brillant qui lui donne son nom. La femelle, elle, est couleur feuille morte. L'espérance de vie est de vingt-neuf ans. Ce dernier point, je me garde bien de le répéter.

La semaine qui suit est consacrée à l'accueil du canard. La mission incombe à mon père : acheter du grillage, des piquets pour le parc, du sable, des gravillons et du ciment pour la petite mare. À la sortie de l'école, je cours chercher mon canard dans sa pension. Lorsque je m'approche de la basse-cour, je ne vois que lui parmi la trentaine qui s'ébattent dans la flaque de boue leur servant de baignoire. Je le connais déjà comme personne. Son regard avec la tête inclinée en observateur, sa petite queue double qui rebique à l'extrémité, les magnifiques miroirs bleu-violet de ses ailes…

« C'est celui-là !

– Non, non ! » D'un bout de doigt, on me montre un pauvre diable de canard colvert qui donne tout l'air de ne même pas savoir lui-même qu'il fait partie de la super-famille des Anatidés. Je refuse catégoriquement, non sans une certaine gêne familiale.

« Non ! Non ! Non ! Je ne veux pas un canard, je veux *mon* canard. »

Mes parents discutent, et j'obtiens mon canard. Et même, avec quelques sous en plus, une jolie cane. Un canard sans une cane, ça s'ennuie, c'est bien connu.

De la fenêtre de la cuisine, je passe des heures à observer mon couple de canards. Je peux épier leurs petits secrets. La cane est toujours devant, c'est elle qui choisit la destinée du couple. Elle décide de l'heure du bain, du moment et du lieu de repos. Progressivement, le mâle prend l'habitude de la suivre, sans contestation aucune. Une à deux fois par jour cependant, après être entré dans la mare à la suite de sa cane, le mâle semble se gonfler. Il se redresse soudain sur l'eau et, le bec collé sur son poitrail chocolat, il émet un petit sifflement aigu à peine audible. Tant d'énergie déployée pour émettre cette note certes pure mais si médiocre…

Et pourtant, ce son semble agir sur la cane comme un philtre d'amour. Elle tourne autour du mâle et s'aplatit tel un alligator au ras de l'eau. Puis elle se relève et se place juste derrière le mâle, inclinant sa tête de quarante-cinq degrés dans sa direction et émettant une série effrénée de *qué qué qué* en triolet. C'est lui et rien que lui qu'elle aime. Et le mâle, si fier de cet amour, sort de la mare en répétant son chuintement *pschitt pschutt pschitt*… Elle l'aime et il le sait… Rassuré pour quelques heures encore, il retrouve sa soumission.

Le chant des plumes

Ma mère prépare la besace pour ce soir. Une baguette de pain, le réchaud à gaz et une boîte de lentilles en conserve. J'ai six ans et pour la première fois j'accompagne mon père à la chasse. Je n'ai pas le choix, je suis l'aîné de la famille : la tradition veut que je goûte à la baie de Somme de nuit. Cette expédition, même par un froid hivernal, c'est le rêve de tous mes cousins, voisins et copains d'école…

Au bord d'une mare d'un peu moins d'un hectare, se trouve une cabane semi-enterrée. C'est la plus grande fierté de la famille Rasse, une propriété rare pour une famille modeste. C'est là que nous nous rendons. Je suis emmitouflé de la tête aux pieds, avec une cagoule et deux écharpes. Marée basse. Nous nous enfonçons dans un labyrinthe étrange et sombre. La lampe tenue par mon père éclaire le sol. Tout est visqueux. La glaise me ralentit. Je suis avec difficulté la cadence que mon père m'impose, gêné par les blettes que je porte, ces leurres en plastique qui imitent des silhouettes d'oiseaux et qu'il disposera dans la mare pour attirer les oiseaux sauvages. Les blettes m'empêchent de marcher, leurs cordes s'entremêlent dans mes petites bottes. Mais il est interdit de se plaindre, alors je m'allège subrepticement – j'en abandonne quelques-unes sur le chemin. Cinq blettes, ce sera bien suffisant ! Par deux fois, je perds l'équilibre et tombe dans la glaise. Mes gants sont trempés et sales. L'odeur de la vase m'envahit. Je pleure. Au bout d'une demi-heure de marche, j'aperçois enfin la cabane qu'on appelle la hutte, enterrée sous un monticule d'herbe. Nous sommes à vingt mètres, séparés d'elle par un puissant cours d'eau. Je tremble de peur face au dernier obstacle, un pont de fortune fait d'une traverse de chemin de fer au bois glissant. J'ai le vertige, je n'ose regarder en bas, je n'avance pas. Mon père est déjà bien loin, il s'agace : « Je vais quand même pas te porter. » J'entends la puissance du courant sous mes petites bottes, je suis pétrifié. Pourvu que les cordes des blettes ne s'emmêlent pas !

Ouf ! Nous voilà sur le toit de la cabane. Par une sorte de trappe en ferraille rouillée, nous descendons dans la hutte. Cette boîte en bois ne fait pas plus de quatre mètres carrés, tout y sent la moisissure comme dans la cave de la maison. À l'intérieur, il y a deux lits une place séparés par un passage de la taille d'une chaise. Les araignées sont géantes et les draps souillés de taches anciennes de vin et de café. Mon père remarque que nous avons dû oublier quelques blettes dans la précipitation. J'acquiesce sans rien dire…

Une fois le dîner terminé, mon père éteint la bougie et ouvre les guignettes, ces petites fenêtres par lesquelles on observe les oiseaux la nuit. Je suis émerveillé par la lueur de la lune, les étoiles que je n'ai jamais vues aussi nettes. Entre les cris furtifs des bécasseaux et des mouettes, le bruit délicat de l'eau, une quiétude et un calme apaisant règnent en cette nuit froide.

Dans la hutte, je le découvre, il y a des règles : il est interdit de parler fort et on ne prend la parole que pour dire des choses essentielles. La gorge me brûle, je n'arrive pas à chuchoter. Heureusement, juste avant notre départ ma mère a glissé des petits bonbons au miel dans ma poche. J'ai les yeux rivés sur les reflets de l'eau de la mare. Un tas de questions se bousculent dans ma tête. « Papa, pourquoi les canards ne se déplacent que la nuit ? Pourquoi on ne doit pas chasser les tadornes ? Pourquoi vous tirez sur les oiseaux ? » Pour toute réponse, mon père exaspéré m'ordonne de dormir. J'ai l'impression d'être puni. Je m'enfonce dans le sac de couchage. Il sent bon l'odeur de la maison. Je le hume intensément…

Tout m'horripile ici. La vaisselle lavée dans l'eau de la mare. Le ressort du matelas qui sort du tissu et me griffe le dos. Mes pieds endoloris. Le froid glacial. Ces oiseaux que l'on transporte et que l'on attache pour en appeler d'autres. Et puis ce fusil. L'odeur de pétrole du poêle m'empêche de dormir. Je tousse. Mon père s'énerve : « T'es pénible ! C'est la première et la dernière fois que tu viens à la chasse. »

Je finis par m'endormir et plonge dans mes rêves d'enfant…

Soudain, une détonation horrible déchire mon sommeil. Mon corps entier tremble de peur, je pleure, je hurle de douleur. Mon père lâche son fusil et se précipite vers moi, me touche la tête, regarde ses mains : il a un peu de sang sur les doigts. Je lis la panique dans ses yeux. Un sifflement assourdissant me fait tourner la tête, puis plus rien.

Quand je rouvre les paupières, j'aperçois ma grand-mère et des éclairs au café dans une boîte en carton. Je suis au milieu d'un grand lit blanc. Un chirurgien nous explique que mes tympans sont percés : fracture du rocher avec lésion de la trompe d'Eustache. J'en garderai sans doute une surdité partielle ou totale, explique-t-il à mes parents…

Personne avant moi n'a jamais eu les tympans crevés dans une hutte à cause d'un coup de fusil. Je serai dorénavant la risée de mes oncles et le chouchou de mes tantes, l'aîné de la famille que l'on doit protéger car trop sensible et trop fragile. Ma sensibilité auditive, comme le dit ma mère, m'éloigne définitivement de la hutte. Je ne peux pas aller à la chasse, mon corps l'a décidé !

Allers-retours à l'hôpital. Mon acuité auditive se restaure lentement. Les mois passent, arrive le printemps et le retour des grandes migrations d'Afrique. La passion de mon père pour la baie nous conduit à retourner ensemble à la hutte, mais sans fusil cette fois, et en dehors de la période de chasse. Je me retrouve de nouveau derrière les guignettes, aux premières loges, au moment où des milliers de volatiles paradent. C'est le grand manège des séductions. Chaque mâle a sa propre stratégie, en force, en douceur, en charme, avant de filer dans les airs à la poursuite de sa bien-aimée. J'assiste au ballet des premières amours.

Installé dans la cabane à demi enterrée, je suis saisi par un son inconnu, une sorte de cisaillement de l'air. Mon corps s'arrête net, je retiens ma respiration de peur de perdre le miracle du son qui m'envahit. Je distingue une sorte de sifflement qui n'a rien à voir avec mes acouphènes habituels. J'ai l'impression d'un déplacement d'air dans l'espace. Oui, c'est bien le bruit des ailes des oiseaux qui me parvient distinctement, et je suis en train de découvrir le chant infime des plumes. En fermant les yeux, je devine chaque espèce avant de la voir, grâce à la fréquence des battements d'ailes. Un monde invisible s'ouvre à moi, à la frontière du perceptible. L'infiniment audible…

Le tiercé des canards

Chaque semaine, la postière nous apporte *Le Galibot*, un journal de petites annonces gratuites. « Village de Lanchères : Vends cause décès lot de 10 canards 500 francs. » J'appelle. La dame croit à un canular. Mon père appelle. Elle dit de venir voir.

Dix minutes en voiture suffisent pour rejoindre le littoral sud de la baie de Somme. Dans la petite cour de ferme, une maison en torchis un peu délabrée et une mare centrale avec une grande cage et dix canards bariolés. Mon père fait la transaction, et me voilà avec douze canards. Mon canard ne sait plus où donner de la tête, mais parmi les nouveaux il y a trois mâles, et je n'ai pas l'impression que ça lui fasse plaisir. Et puis il y a cette petite cane toute blanche, d'une beauté troublante avec ses yeux bleus, son bec jaune-orangé constellé de petites étoiles noires. Elle est ma favorite.

En CM2, je quitte l'école d'Arrest pour celle de la ville ouvrière de Friville-Escarbotin. Je découvre de nouvelles sensations olfactives dans cette salle de classe en ville, différentes de celles de la campagne. À Arrest, il n'y a pas de cantine. Tous les élèves retournent manger chez eux. L'après-midi, dans la salle de classe, il flotte un délicat fumet de friture et de renfermé. Je hume. Je reconnais ceux qui ont eu la chance d'avoir eu dans l'assiette ce que l'homme sait faire de mieux avec les pommes de terre : des frites !

À la maison, le mot frites est interdit. Ça sent mauvais, et ce n'est pas bon pour la santé. Alors, comme on se régale du parfum de l'interdit, cette odeur stimule mon imagination : sur Benoît ou Pascal, je crois être capable de différencier l'odeur de la friture traditionnelle de celle de la Végétaline…

Ma sœur et moi avons fini par obtenir le droit d'aller déjeuner chez Monique une fois par semaine. Là, c'est la révélation ! En plus d'accéder à l'odeur, nous accédons à la musique des frites. D'abord bouillonnante, basculant peu à peu dans un crescendo grésillant, puis terminant en apothéose par les secousses rythmiques du panier contre la friteuse… Enfin, le goût de la divine matière. Friteuse en fonte, double cuisson, coupées au couteau, Monique maîtrise parfaitement la manipulation de la reine bintje. Ces jours-là, nous sentons la frite, comme tout le monde, sentiment réconfortant d'appartenir au même groupe.

À Friville-Escarbotin, c'est la cantine pour tout le monde, avec du poulet mou, des nouilles et l'illusion gustative du cordon bleu. Dans la salle de classe, ça sent désespérément la poussière et la colle Cléopâtre.

Il y a juste Karim, qui parfois ne déjeune pas à la cantine. Ces après-midi-là, il sent drôlement bon !

« Tu as des canards ? me lance le directeur de l'école.

– Ben oui, j'en ai onze.

– Est-ce que tu nous les prêterais pour le tiercé des canards ?

– Le tiercé des canards ? »

Renseignement pris, j'apprends que c'est un jeu qui clôt la fête de l'école. Le principe est simple. Tous les élèves, de la maternelle au CM2, s'assoient dans la cour en deux rangs face à face, laissant entre eux un espace de quatre à cinq mètres délimitant une piste rectiligne d'une vingtaine de mètres. Chaque maître ou maîtresse dispose d'un canard. Des paris sont lancés. Au top départ, chacun doit suivre son canard jusqu'à la ligne d'arrivée. Les trois premiers canards arrivés gagnent, et la personne qui a pronostiqué le tiercé gagnant remporte des lots offerts par les commerçants.

Cette année, ce sont mes canards qui vont concourir. Je n'ai qu'une idée en tête : faire gagner mon maître. Et aussi la remplaçante du CE1, qui est drôlement gentille... Tous les soirs, je conduis l'entraînement de la cane blanche et de la cane blonde : marcher en suivant une ligne droite, garder le rythme et la vitesse sans s'emballer ni se disperser. Vers de terre et feuilles de salade récompensent le travail bien fait. Mon duo progresse de jour en jour.

Vient enfin la fête de l'école. Toute la famille y est pour 14 heures. Mes canards sont dans leur caisse, prêts pour l'événement de clôture. Le soleil tape en cette fin juin. Mes canards ont chaud. Trop chaud. Il faut leur trouver de l'ombre. Là, hors de l'école, entre une haie de thuyas et un mur de brique, il fait frais. J'installe leur caisse. Mes copains jouent et rigolent, mais moi, je suis coincé là. Je veux que personne n'approche. Mes oiseaux vont mieux maintenant, mais je ne peux pas les laisser. Assis sur la caisse, je les observe entre les lattes de bois. Ils clignent des yeux et s'endorment. Moi aussi… Je crois bien que j'ai oublié d'aller chanter sur l'estrade avec les CM2. La musique s'arrête. J'entends la foule scander : « Les canards ! Les canards ! »

Lorsque j'arrive dans la cour de récréation, ma caisse à bout de bras, tous les élèves sont installés de part et d'autre de la piste de course. Je remonte cette haie d'honneur sous leurs regards. J'ouvre la caisse, je donne la blanche à mon maître, la blonde à la maîtresse remplaçante et les autres canards aux instituteurs restants. Les canards sont posés, le décompte est lancé. Trois, deux, un, partez !

Ça hurle. En quelques secondes, la blanche de mon maître est la première arrivée, la blonde de la maîtresse est deuxième et le mâle de M. Hannock, troisième. Exactement ce que je voulais… Personne ne s'est aperçu que le résultat était le fruit d'un plan d'entraînement patiemment répété. J'ai réussi, mon maître a gagné ! Mais j'ai oublié de parier…

Le théâtre d'ombres

Ma fascination pour les couleurs et les formes des oiseaux me pousse, du haut de mes sept ans, à plonger dans un manuel jusque-là interdit aux enfants. Un livre qui se trouve bien gardé dans un tiroir de la chambre parentale, à l'abri du reste de la famille. Aîné de la fratrie, je suis le seul à pouvoir le feuilleter et je passe des heures avec lui, en prenant soin de ne jamais le déplacer.

Dans la douceur du coton des draps de mes parents, j'observe les plumes, les couleurs, les becs et les contours de chaque espèce pour mieux les connaître. Les illustrations de ce grand livre me plongent dans le Grand Nord, les dessins de Trevor Boyer des Anatidés du paléarctique viennent m'habiter. Eider à lunettes, garrot d'Islande, harle couronné deviennent mes personnages de conte, sortes d'amis imaginaires que je retrouve dans ce havre familial.

Ce soir, je veille plus tard que mon frère et ma sœur. La lumière crépusculaire d'hiver nimbe notre maison, je sens rôder comme une mélancolie. Les pannes de courant sont fréquentes chez nous, et la lumière des bougies installées dans la cuisine répond à l'humeur du soir. Ma mère dort et mon père tarde à la suivre, je le sens hanté par des souvenirs qui me sont interdits. Subitement, il se lève, ferme et décidé. Il me frôle sans me voir et ouvre un placard derrière moi.

À tâtons, dans la pénombre, il sort une assiette au contenu recouvert d'un torchon blanc semblable à un linceul et la pose devant moi. Son geste est lent et délicat, l'assiette trône entre les bougies et les restes du souper, sur les murs dansent des ombres.

La veillée prend des allures baroques, seul le crépitement du feu de bois résonne jusqu'à nous. Le silence règne et invite au recueillement. Le clair-obscur de la pièce évoque les œuvres du Caravage et les natures mortes de Rembrandt, avec, au centre du tableau, l'assiette au linceul. Mon père approche sa main et ôte une première épaisseur de torchon qu'il laisse choir. La seconde épaisseur retirée, je découvre deux canards que je reconnais : je les ai vus dans le manuel de la chambre, deux *Anas penelopes*, dits « canards siffleurs », mâle et femelle.

La vue de ces canards m'intrigue, la curiosité m'envahit. Les voir de si près était jusque-là impossible. Tout est sublime : les pattes palmées pour nager, la couleur du bec et sa forme, le blanc et le plat du ventre pour glisser sur l'eau… Jusque-là, ce canard de surface était resté pour moi une illustration dans un manuel interdit. Je ressens toute la fascination du peintre face à son modèle. Certes, la muse reste inerte, comme échouée au bord d'une plage, mais sa beauté imprègne ma rétine d'enfant.

Il y a des soirs où la poésie côtoie la mort, où le sensible et l'imaginaire improvisent un morceau d'éternité. La cuisine prend des allures de théâtre éclairé à la bougie. Installé sur ma chaise, je suis aux premières loges, prêt à entrer dans le monde de l'illusion des grands soirs. J'attends. Mon père a reculé dans la pénombre, il est devant moi, la table de cuisine qui nous sépare fait office de scène, le décor est planté, les rideaux s'ouvrent sur ces deux êtres sans vie que je veille à la bougie.

Le spectacle commence. Deux bras avancent sur le centre de la table devenu castelet pour l'occasion. Comme un manipulateur, mon père n'est que le prolongement de ces Anatidés, ses mains caressent la tête des deux volatiles, ses doigts descendent sur leur petit cou si fragile et fin. Les deux *Anas penelopes* reprennent vie le temps de l'illusion, comme si la scène avait un pouvoir de résurrection.

Les yeux du marionnettiste, que je cherche à distinguer dans la pénombre, m'intiment de fixer les oiseaux, devenant deux lueurs lointaines et interdites au fond de la scène. L'illusion est totale, seule l'odeur de la bougie me ramène un instant dans la pièce. La lumière spectrale de ce théâtre élisabéthain inonde le *proscenium*. Charmé par l'élixir scénique, je crois maintenant en ces deux fantômes aviaires.

Le cou tendu, le mâle offre un dégradé de couleur rouille partant du haut de la tête, du plus clair au plus foncé, s'arrêtant net au col coupé par un gris cendré très contrasté. Cette capuche rousse au front jaunâtre est le signe distinctif des mâles de canard siffleur. L'enchevêtrement parfait des plumes de couverture donne l'illusion d'un tissu imperméable sur mesure. Les gestes du marionnettiste sont délicats, précis, ils connaissent les moindres articulations de ces pantins ailés, mimant tour à tour la pose, l'inquiétude, la recherche de nourriture, la toilette des plumes.

D'un coup, la chaise en bois me servant de siège de spectateur craque. Un chuchotement me parvient : « Ne fais pas de bruit, regarde, regarde-les… » – comme si nous pouvions déranger le couple enlacé. La voix lointaine est celle de mon père, dont j'avais oublié la présence. Le marionnettiste se met à commenter la scène, sans jamais entrer dans une quelconque démonstration anatomique. Habité par l'oiseau, il improvise une scène amoureuse. La femelle au plumage brun-roux se colle petit à petit au mâle qui, de son corps tendu à l'extrême, a lancé son chant d'amour. « *Ohhhuinnng... Ohhhuinnng* », répète mon père en émettant un léger sifflé, enchaînant avec le râle caractéristique, « *Grrrrgrrrrr* », effectué par la cane. Cet accouplement en direct à quelques mètres de mes sept ans sera le premier dont je me souviens.

L'affaire conclue, un nouvel acte débute et un changement de tableau s'opère. Une autre énergie anime les mains de l'acteur. Commence un nouveau miracle, celui de faire voler dans une cuisine éclairée à la bougie deux oiseaux de plus d'une livre.

Avant de s'élancer, l'oiseau animé par le créateur entend le danger, le ressent et lance un avertissement. La halte d'une migration est souvent courte et le départ se fait dans la précipitation. Sous le poids des kilomètres parcourus, ils sont si fragiles qu'ils sont une offrande à la prédation. Le danger est partout : voir un oiseau migrateur au repos et calme est rare, et de courte durée. Mais le voyage est si long, si rude, que les pauses sont nécessaires. C'est durant cette scène de silence et de quiétude, où seul est perceptible le bruit de la flamme qui consume lentement la cire, que le craquement de ma chaise réveille soudainement nos pantins apaisés.

Une tension extrême parcourt le couple. La femelle, plus alerte que le mâle, décide immédiatement du départ. En quelques secondes une grande confusion s'installe, puis la femelle se lance : elle décolle de la table de cuisine, comme une Colombine laissant son Arlequin.

La nature veut que ce soit toujours la cane qui donne le signal du départ, et ce comportement permet une meilleure conservation de l'espèce. En effet, si le couple est attaqué par un faucon pèlerin, c'est au mâle de se sacrifier. C'est lui qui donne sa vie afin d'assurer la pérennité de son espèce, laissant sa compagne partir au loin avec ses petits.

Je reçois un cours magistral sur le vol et la capacité aérienne des Anatidés. Rémiges, rectrices, scapulaires, miroirs verts et blancs spéculaires des ailes, l'oiseau passe et repasse, s'arrête, glisse doucement de gauche à droite, comme guidé par des bourrasques imaginées par le metteur en scène, exécutant quelques culbutes aériennes.

Le spectacle s'arrête lorsque, la panne électrique prenant fin, la lumière de l'ampoule surgit soudain, sonnant l'heure du coucher. Mon père range délicatement ses pantins, la soirée se termine. Mais le souvenir de ce ballet persiste en moi au point que je me sens à mon tour porté par une plume.

Toujours fasciné par le manuel interdit, je décide de dessiner tous les oiseaux du livre durant plusieurs années, et le portrait du garrot arlequin sera mon chef-d'œuvre, encadré dans la chambre parentale.

L’inscription

Un mercredi autour de Pâques, alors que je passe la matinée à la ferme voisine, je décroche une invitation à manger. Ce midi, c’est poulet. Je sais duquel il s’agit, je connais tous les animaux de la ferme. C’est un jeune coq et il commence à embêter les poules, d’après Jean-Pierre, le mari de Monique. Zut, je le trouvais bien plus joli que le vieux coq dont je me méfie. À sa façon de me regarder, je vois bien qu’un jour il me sautera dessus, les ergots en avant. En même temps, je dois commencer à l’agacer quand, bien caché, je m’amuse à lui faire croire à l’arrivée d’un rival. Je rigole en le regardant chercher en vain et s’escrimer à regrouper ses poules.

Mes hôtes le savent : pour moi, c’est la carcasse et la tête. Dans mon assiette, je joue. Je défais les os un à un. Je démonte puis remonte mon poulet. Merveille d’architecture. Un squelette et des muscles entremêlés avec des tendons pour poulies. J’apprendrai les noms de chaque partie plus tard, mais là, dans mon assiette, je fusionne avec la substance. Sentiment incroyable de voir à travers les plumes. Percevoir le corps, comprendre le mouvement, décrypter la posture : la laxité du cou, la bipédie, les ailes repliées ou étendues. Je crois que ça amuse un peu la famille de me voir ainsi. Je chante et fais revivre le poulet dans mon assiette.

C'est la fin du repas. La télé est allumée sur France 3 Picardie. Chez moi, il n'y a pas de télé. Les écrans, c'est mauvais, a dit la prof de français. Alors, devant le miroir aux alouettes, tel un gobe-mouche, j'avale les images. D'un seul coup, deux hommes paraissent à l'écran. Ils sifflent et ils parlent. Ils me semblent vieux. C'est un reportage sur la première édition du Festival de l'oiseau d'Abbeville. D'après la journaliste, le plus petit, dénommé Hélios, est le vainqueur, et le grand, appelé Zorro, est le deuxième d'un concours d'imitation de chants d'oiseaux. L'un fait le goéland, l'autre le coucou. Fin du reportage. Sujet suivant. Personne ne réagit à table.

Dernière goutte de café, bien coupé à l'eau pour moi. La télé éteinte, nous sortons de table. Je décide de ne pas passer l'après-midi à labourer. Jean-Pierre est surpris et, je crois, un peu déçu. Je sais qu'il aime bien que je l'accompagne, ça le change de la monotonie de la journée en tracteur. D'habitude, j'adore passer mon après-midi dans la cabine à regarder les mouettes et les goélands venir en piqué chercher les lombrics exhumés par le soc de la charrue. Malgré le bruit du tracteur, cette centaine de mouettes qui tournent au-dessus de moi me plongent dans la joie. J'adore observer le recrutement à distance. Lorsqu'une mouette voit fondre une autre mouette sur un engin agricole, elle la suit, comme aimantée, et d'un coup il en arrive de toutes parts, à des hauteurs à peine croyables, dans des piqués vertigineux. Pour décélérer, elles doivent faire des virages hyper courts afin de se replacer face au vent. Parfois, le bruit du vent dans les plumes est plus fort que celui d'un moteur.

Plus le nombre d'oiseaux augmente, plus la forme et le battement des ailes sont visibles de loin. Si notre tracteur est le seul à labourer, la nuée est grandiose. Jean-Pierre me raconte que pendant la guerre son père mettait des vers sur des hameçons derrière la charrue pour attraper les mouettes, c'était la seule viande qu'ils mangeaient l'hiver. S'il a survécu, c'est peut-être grâce à elles. Légende ou vérité ? En ce début d'avril, les mouettes sont belles avec leur capuchon chocolat, et beaucoup de jeunes de l'année précédente n'ont pas encore leurs couleurs nuptiales. Pourtant, cet après-midi-là, je ne vais pas au spectacle. J'ai mieux à faire. Je rentre vite à la maison. Mes parents emmènent ma sœur au conservatoire à Abbeville, il faut absolument que je puisse partir avec eux. Ils sont surpris de me voir revenir si tôt. Pour les accompagner, j'invente un prétexte.

À Abbeville, c'est assez incroyable, il y a des oiseaux partout dans la ville. Des affiches d'oiseaux, des vitrines de magasins qui débordent de dessins d'oiseaux, des massifs de fleurs en forme d'oiseaux, il y a même une armurerie qui semble avoir hissé le drapeau blanc. Plus un seul fusil en vitrine, seulement des oiseaux en bois sculpté. Chez le quincaillier, ce sont des oiseaux empaillés entre les casseroles. Je m'arrête devant le grand magasin de jouets. Des oiseaux en peluche, des oiseaux en Lego, des déguisements d'oiseaux… Sur un grand écriteau est inscrit, en lettres capitales : « Vainqueur du concours du Festival de l'oiseau ». J'entre dans le magasin.

Je pose des questions au vendeur, qui me dit être le directeur. Il a gagné le prix de la plus belle vitrine. Il a aussi assisté au concours d'imitation de chants d'oiseaux de samedi dernier. Il me dit même qu'il a bien rigolé et que c'était au cinéma municipal Le Ponthieu. Je file au cinéma, je sais où c'est. Une fois par mois, il y a la projection de « Connaissance du monde » et, de temps en temps, c'est sur un pays qui me fait rêver. Alors je tanne mes parents pour que nous assistions à la projection et au débat qui suit. Avec ma sœur, nous sommes souvent les seuls enfants. Le conférencier raconte son voyage, parfois il parle des oiseaux. On a vu Bompard, Tazieff, et d'autres voyageurs solitaires (c'est à se demander qui les filme…). J'ai parfois bien du mal à me dire que je ne suis jamais allé au Spitzberg, ni au sommet de l'Etna, tant j'ai encore les images dans les yeux et l'histoire dans les oreilles.

J'arrive au cinéma, il reste une affiche du Festival de l'oiseau. Un vol de canard pilet et c'est tout. À la billetterie, la dame ne sait rien, elle me dit d'aller voir à l'office de tourisme. C'est en face du beffroi, j'entre. Une dame me donne un numéro de téléphone, puis finalement se ravise, appelle et me passe le combiné.

« Oui, bonjour, je m'appelle Jean Boucault, j'ai dix ans et je voudrais m'inscrire au concours de chants d'oiseaux.

– Avec ou sans appeaux ?

– Euh, sans appeaux.

– C'est noté, vous êtes le premier inscrit pour l'année prochaine. »

Un an à attendre !

Je sais faire le goéland argenté, un peu la mésange charbonnière. En tout cas elles me répondent, surtout les mâles. Le coucou gris, juste le son double ou triple, et le racaillement simiesque de la femelle, mais bien mieux que ceux que j'ai vus à la télé. Et évidemment le coq. Il faut que je travaille les passereaux. J'ai toutes les mélodies en tête, mais ma technique de sifflet pour les sons aigus provoque un chuintement parasite. Je n'arrive pas à éliminer ce souffle d'air. Quel idiot d'avoir sucé mon pouce… À moins que ce ne soit ma dent cassée ?

Quelques jours plus tard, je découvre par hasard un article du *Courrier picard* qui décrit la soirée du concours. Hélios est présenté comme siffleur professionnel de cabaret à Paris. Il raconte qu'un jour il a eu tellement peur lors d'un orage qu'un son réflexe de sifflement hyper puissant est sorti de son corps. Il a gagné avec le coucou et le rossignol. Zorro, lui, est pêcheur en baie de Somme et spécialiste des oiseaux de la baie. Il sait même imiter le petit train de la baie de Somme ! Il doit être trop fort. Pour nous, la gare est à au moins dix kilomètres, et on ne l'entend que lorsque le vent passe au nord-est. À l'automne, entendre chanter le train rime avec la migration de milliers de grives et de pinsons au-dessus du village. « Le Ponthieu résonnera encore longtemps des cris de pies de mer, courlis cendrés et canards siffleurs », conclut l'article.

Le courlis cendré. Ce sera mon premier grand sommet !

Désormais, le piano de ma sœur n'est plus le seul à résonner dans la maisonnée. L'excuse est toute trouvée : j'ai un concours à préparer. J'abandonne dès lors tous les entraînements au vol. J'ai longtemps cru qu'à force de persévérance et en battant des bras chaque jour comme un canard qui retrouve ses ailes, à un moment, mon corps s'élèverait. Mais il faut bien se rendre à l'évidence : les seules fois où j'ai la sensation de m'envoler, c'est quand j'appelle les oiseaux.

Pour le début du cri de contact, pas de souci : les lèvres tendues vers l'avant, j'émets d'abord un son pur en *ouuu* puis je fais délicatement vibrer le bout des lèvres. Mais, pour la fin, j'ai beau essayer et réessayer, chaque fois la langue dérape et, au lieu du son *u* pur et montant attendu, sort une fois un *iu* ou au mieux un *iou*, mais jamais le son exact. Comment est-il possible ne pas réussir cette foutue dernière note, de ne pas arriver à faire corps avec le son ? J'ai tout tenté. Et pourtant je l'ai entendue tout au long de cet hiver, la petite troupe d'oiseaux gris d'une quinzaine d'individus, dans les pâtures le long de l'Avalasse. Au petit matin, de face, on croit avoir affaire à un vol de mouettes en V, mais au tout dernier moment se dévoilent les becs proéminents ou les cris puissants des courlis narquois, semblant te dire : « Surprise ! On t'a bien eu, on n'est pas des mouettes ! »

Mais, depuis la première semaine de mars, ils sont repartis en direction du Grand Nord, me laissant là, alors que je me suis inscrit au concours avec le chant du goéland argenté, de la mésange charbonnière et du courlis cendré. Pourquoi je n'ai pas choisi le courlis corlieu, c'est tellement plus simple, le courlis corlieu ! Il suffit de faire le début du cendré puis de siffler en riant, un peu comme un hennissement, en partant dans un trille de plus en plus rapide, qui s'arrête sèchement sur un son pur. Et les derniers corlieux que j'ai entendus, c'était en août – à l'heure qu'il est, ils sont sûrement à la hauteur de la Mauritanie. Ils ne seront là que dans un mois en baie de Somme, sur leur route vers la Laponie.

À l'aide !

« Va voir le père Rasse, il passe toute ses journées en baie avec ses moutons. Des courlis, il en voit. Peut-être il t'aidera ! » me lance Jean-Pierre.

C'est sur ce conseil que je pousse la porte de la maison de Johnny. Dans la petite cuisine, il y a la mère, le père et la télé, et tout le monde me regarde.

La visite du fils Boucault

19 h 15. Quelqu'un frappe à la porte de façon maladroite et timide. À l'étage avec mes frère et sœur, nous arrêtons net nos jeux d'enfants et nous avançons sans faire le moindre bruit jusqu'au palier. L'inquiétude se lit sur nos visages, mes parents n'attendent personne et ces coups sur la porte rompent la tranquillité de cette soirée en famille.

Les coups se faisant un peu plus forts et insistants, mon père décide enfin de lancer un « Entrez ! » sévère et interrogateur. La poignée s'abaisse et la porte s'entrouvre, une botte verte apparaît, puis l'autre, j'entends ma mère se lever, sortir de la cuisine et rejoindre le couloir de l'entrée, en donnant un bonjour d'une gentillesse extrême, comme pour s'excuser.

Sur le tapis du couloir où trônent encore les bottes sales de mon père, je crois distinguer une silhouette frêle, mais pas inconnue. Mon père, dans un chuchotement perceptible, demande à ma mère : « C'est qui ? » Avant que ma mère puisse répondre, une voix d'enfant, inconnue jusque-là, interrompt le dialogue de mes parents :

« Je suis Jean, le fils du pharmacien.

– Ben viens, rentre ! » rétorque mon père. Comme s'il connaissait déjà les lieux, le fils du pharmacien avance dans la cuisine.

Mon frère et ma sœur repartent dans leur jeu, tandis que je descends quelques marches pour tendre l'oreille. Une multitude de questions se bousculent dans ma tête, la réputation de Jean le précède, sa venue n'est pas anodine. Même ma mère, d'apparence calme, sent que le moment est important. Son inquiétude me parvient à travers la cloison en bois qui nous sépare. Un parfum de savon se répand, et l'odeur de la maison change – certainement les vêtements de Jean imprégnés de lessive et d'adoucissant –, ce qui m'invite à descendre encore quelques marches.

Mon père commence son interrogatoire. Il est froid et autoritaire, comme pour marquer son territoire. Avec une grande assurance, clair et limpide, Jean débite sa réponse :

« Je suis le fils du pharmacien, je viens pour que vous m'appreniez à siffler comme un oiseau. Je sais déjà faire le goéland argenté, la tourterelle, mais je ne sais pas siffler, et on m'a dit que vous connaissiez la baie de Somme. »

À ces mots, je sens tout son être vibrer, et je devine que la baie de Somme est pour lui une muse, un mirage, une étendue lointaine, attirante, mais étrangère à sa petite vie d'enfant. Jean n'appartient pas à la baie de Somme. Son col de chemise blanc immaculé, son petit gilet rayé et son pantalon bleu le trahissent : avec sa toilette impeccable, il semble plutôt prêt pour une sortie du dimanche. Mais les bottes en caoutchouc vertes fixées à ses pieds détonnent et sont comme un laissez-passer, un trait d'union entre sa vie et son rêve de nature.

Mon père, étrangement tourmenté, fixe les pieds de Jean, lit sur ses bottes la marque de longues marches dans le bocage, dans les marais et près des étangs, mais n'y décèle pas les traces de cette glaise noire et gluante propre aux sorties en mer. Pas de doute, Jean cherche la baie et pense la trouver chez moi, mais il ne la connaît pas.

La rudesse et la froideur de mon père ne freinent pas l'enfant. Il rit et en trois phrases montre ses connaissances. « Je voudrais imiter le courlis cendré », dit-il.

Mon père répond dans un patois du coin : « *Euch'corlus !* »

Jean : « Non, le courlis cendré. »

Mon père : « Oui, *ch'corlus* ! »

Jean : « Non, le courlis cendré, le plus grand des limicoles, au long bec recourbé, de la famille des Scolopacidés. »

Sur ce mot *Scolopacidés*, un long silence s'invite. La discussion est finie. Mon père se lève, prend un verre dans l'armoire et se sert du vin, pose sèchement la bouteille. Jean ne bronche pas, dégageant toujours la même sérénité. Mon père, poussé dans ses retranchements, lui lance alors :

« Bon alors, *ch'pharmacien*, fais-nous ta *miaule.* »

Jean ne bouge pas, ma mère passe la tête, regarde mon père droit dans les yeux, lui lance un simple « Jean-B… » long et traînant. Ce diminutif de son prénom, Jean-Bernard, signifie que le jeu a assez duré et que mon père exagère ; elle vient au secours de l'enfant :

« Mon mari te demande si tu veux bien lui montrer comment tu imites le goéland. »

À ces paroles, les rôles se remettent en place, et c'est de nouveau un enfant qui fait face à un adulte.

Mon père acquiesce : « Oui, tu peux me faire le goéland, s'il te plaît ? »

Sans un mot, la silhouette de Jean se place au centre de la cuisine. Le silence se fait.

Tout à coup, en haut de mon escalier, un foudroiement me frappe, et me fait trembler des pieds à la tête.

Ce cri, ce cristal qui vient de me traverser le corps, ce cri inhumain et complètement animal, a résonné si fort que ma sœur et mon petit frère se réfugient déjà dans les bras de ma mère, pensant qu'un oiseau est entré par la fenêtre.

La sidération passée, je me précipite pour descendre les dernières marches. Nous découvrons mon père pétrifié sur sa chaise, ma mère médusée devant le spectacle. Jean, les bras étendus comme le plus grand des albatros, est devenu oiseau des pieds à la tête, tournoyant lentement, comme porté par une bourrasque de vent, s'amusant dans une tempête imaginaire. L'incarnation est totale. Dans un immense battement de bras, comme si ses membres l'aidaient à prendre un nouveau souffle, la même note divine réapparaît, le son est pur et parfait, la même force nous glace. Et face à la beauté de cet enfant-oiseau, des larmes incontrôlables coulent sur mes joues.

Jean ne s'arrête plus, il est goéland. En transe, il navigue entre le zéphyr et Oros. Les sons sortent de lui telle une lame de fond, Jean s'arc-boute, lance son chant comme des flèches au plafond de la cuisine, et chacun de nous est la cible d'une décharge d'émotions qui nous atteint à chaque fois.

Puis il s'arrête, et dans le calme revenu il nous fixe de ses grands yeux bleus. Sa prouesse ne laisse aucune trace sur son visage, pas la moindre difficulté pour respirer, pas le moindre essoufflement. L'oiseau niché en lui apparaît comme un prolongement de son être, capable de se réveiller à tout moment avec un naturel déconcertant. Il est autant oiseau qu'humain.

Mon père, toujours inerte sur sa chaise, susurre : « Ben bordel, tu parles d'une miaule… »

Mon frère, tendant son visage vers ma mère, pose la question ultime : « Comment il fait, maman ? »

Sans réponse, elle sait que nous sommes face à un miracle et qu'aucun mot ne peut traduire ce moment. Je reste de marbre, mais mon regard est planté dans les yeux de cet oiseau inconnu, comme pour percer son secret.

Au cœur de cette sorte d'accalmie, mon père prononce ces mots, dans un français parfait : « Reviens demain soir, je t'apprendrai à faire le courlis cendré. » Le simple énoncé de cette espèce, « courlis cendré », acte que le rite de passage est accompli et qu'un pacte est scellé entre lui et le berger, entre lui et la baie de Somme.

La leçon d'oiseau

Le rendez-vous est pris. À 19 heures je suis à l'affût à la porte d'entrée, en attendant l'arrivée de « la Miaule », comme le surnomme déjà mon père. À 19 h 15, Jean arrive et frappe à la porte. Je file me cacher dans l'escalier. Mon père l'invite à entrer. Les bottes toujours vissées aux pieds, sans aucune retenue, Jean pénètre dans la pièce et s'installe face à mon père.

Mon père commence : « Tu sais siffler ? »

Jean ne traîne pas à répondre : « Oui, mais pas assez bien. » Il explique avoir vu un reportage à la télévision concernant un festival à Abbeville, avec un concours de chants d'oiseaux. Il en décrit le principe : un jury composé d'ornithologues du monde entier écoute et note des imitateurs d'oiseaux. Les concurrents se produisent sur la scène d'un théâtre, face à un public venu nombreux. Chaque candidat doit imiter trois oiseaux. Je comprends enfin la raison de sa venue : la veille, lors du grand numéro du goéland, Jean nous a dit qu'il pouvait imiter le fameux goéland et la tourterelle, mais il n'a pas parlé de troisième oiseau. Il est donc là pour apprendre un chant en plus des deux autres, dans le but de participer au concours des cris d'oiseaux du Festival international d'Abbeville.

Toujours installé sur les marches de l'escalier, j'attends avec impatience cette première leçon. J'ai déjà surpris mon père en train de siffler un merle noir, ou un limicole en baie de Somme. Son art est très limité, comme d'ailleurs la réponse de l'oiseau : sa technique repose sur un sifflement par resserrement des lèvres – un sifflotement banal, que tout le monde peut faire. Mon père demande à Jean de siffler. Jean prend une énorme inspiration et se lance. Rien. Je reste stupéfait. Aucun son, aucun chuintement, aucune vibration ne sort des lèvres du malheureux, qui s'époumone au point de devenir tout rouge. Même mon père, avec sa technique archaïque, apparaît comme le plus grand des chanteurs à côté de ce pauvre Jean, désespéré de ne pas pouvoir émettre le moindre son. Il est évident qu'un goéland n'est pas un oiseau chanteur mais un oiseau crieur, et même miauleur, le quolibet est bien trouvé… Jean est un goéland à la voix divine mais un piètre siffleur, loin de la trempe des passereaux et autres limicoles. Il est aphone du sifflement.

Voyant cela, mon père s'engaillardit et se lance dans une interprétation des plus réussies du courlis cendré, une longue phrase mélodique faite de saccades et de notes roulées. Le courlis cendré est l'un des plus beaux chanteurs maritimes, un oiseau assez facile à appeler, répondant aisément et invitant au dialogue. Quand il entend un sifflement, l'oiseau s'approche en cherchant son congénère et se pose à quelques mètres. Peu farouche, très sociable, curieux et guère attentif à la qualité de l'imitation, le courlis possède assez de finesse pour duper mon père et le laisser penser qu'il est le plus grand imitateur de courlis du monde. Devant la réaction de Jean, qui admire ce qu'il pense être une prouesse, mon père continue sa mélopée. Les yeux écarquillés, Jean réessaie en vain. Rien n'y fait. Jean reprend la parole : « C'est exactement ce que je veux faire, comment vous vous y prenez ? » Mon père lui assène : « Si tu ne sais pas siffler, c'est pas la peine », et il lui propose de s'entraîner de son côté, de trouver au moins un son avant de revenir.

Il faudra que j'attende quinze bons jours avant que la Miaule ne revienne. Toujours avec ses bottes aux pieds, et une motivation à toute épreuve. En cette fin de mercredi, mon père l'accueille avec froideur : c'est un soir de Ligue des champions et nous voulons tous regarder le match de l'Olympique de Marseille.

« Tu as déjà appris à siffler ? » lui lance-t-il sans un regard ni une adresse. Jean hésite, sentant qu'il dérange, et marmonne : « Bon, je vais vous laisser, je crois que ce n'est pas le moment », mais il ne bouge pas pour autant et reste figé à côté de mon père, comme pour lui laisser la responsabilité de le faire sortir. Une minute passe, et d'un coup : « Bah, vas-y ! Montre-moi ! »

Comme un cancre face à son professeur, sentant la pression, Jean se lance. Bouche serrée, regard planté au lointain, intensément concentré, chaque expiration semble être son dernier souffle. Le premier essai reste dans les annales de la médiocrité, mon père un peu sourd n'a même pas entendu la tentative. Mais, du haut de mon escalier, une toute petite note a effleuré mon tympan. Lors du deuxième essai, la note réapparaît, plus claire et plus présente, certes contaminée par un souffle parasite, mais Jean vient de siffler, j'en suis sûr. Dans un grincement de chaise, mon père se lève et demande à Jean de tenir la note. Durant une heure environ, avec une patience que je ne lui connais pas, mon père s'évertue à stabiliser la note émise, et Jean s'efforce de la densifier. Ce petit sifflement, comme un rai de lumière dans un mur fissuré, s'agrandit et ouvre la voie à une deuxième note, plus aiguë encore. À chaque apparition de cette note, Jean l'entend disparaître aussitôt, comme si la joie de cette rencontre résidait dans la rareté de son apparition. Pourtant, j'entends bien deux notes distinctes, et elles sont déjà bien plus belles que celles des tentatives passées de mon père.

C'est l'hymne de la Ligue des champions résonnant dans le salon qui met un point final à cette leçon. Mon père, surpris par le temps qu'il lui a consacré, quitte la cuisine. Ouvrant la porte d'entrée, il invite Jean à partir au plus vite, car il n'est pas question de rater le début d'un match avec Jean-Pierre Papin et Chris Waddle…

Le lendemain à la même heure, on frappe à nouveau à la porte. Fatigué, mon père se lève et avance vers l'entrée, en marmonnant : « *Chés pas possible, chés encore qui cho...* » Il ouvre, personne. Perplexe, il s'avance, sort de la maison et découvre Jean dans le jardin sous le prunier, la tête tournée vers le ciel. Mon père lui lance d'un ton agacé :

« Quoi que ches que tu traches lo, t'cho ? »

Sans un bruit, sans bouger, Jean répond en chuchotant :

« Rien, j'essaie d'imiter une mésange charbonnière, je crois qu'elle répond et elle s'approche, là !

– Mais t'es mi bien, cha ne répond point ches bétails lo, ches trop aigu. »

Mon père s'éclipse, sûr de lui. Comme j'étais posté derrière lui depuis le début, je décide d'observer Jean discrètement. Silencieuse, sa silhouette se dessine en ombre chinoise sur le soleil couchant. Je l'aperçois, tendu de toutes ses forces vers ce petit passereau, essayant de l'appeler dans l'espoir d'entamer un dialogue. Croyant n'entendre que la mésange et son chant de territoire dissyllabique, je retourne vers la porte d'entrée, quand soudain un son m'interpelle. Les deux notes communes de la mésange mâle se sont transformées en une ritournelle de trois notes. Le chant du mâle est devenu plus intense et beaucoup plus puissant. Je distingue clairement deux mésanges. Je retourne sur mes pas et je m'aperçois que Jean est en contact avec le mâle, qui vole de branche en branche, jusqu'à venir se poser à quelques centimètres au-dessus de sa tête. Rien ne sépare l'enfant de l'oiseau. Malgré leurs différences extrêmes, un fil invisible les relie. Émerveillé par la scène, j'en oublie de chercher la seconde mésange. Mais je me rends compte rapidement que c'est Jean, cette fameuse seconde mésange. Par une technique de sifflement qui m'est inconnue, cachée, imperceptible entre ses lèvres, il susurre des mots à l'oiseau, dans un sifflement chuchoté, parfaitement mimétique de celui des passereaux, quasiment inaudible pour les humains. Jean s'efface de son langage pour entrer dans une autre langue, un autre monde.

Au cours de ses visites, il ne nous a jamais montré cette technique : de peur de la rater, ou par honte, peut-être, car il est vrai que ce sifflement ne dégage pas la force du chant des oiseaux de la baie de Somme. Ceux-ci, généralement maritimes, comme les limicoles ou les Anatidés, possèdent un chant puissant, en rapport avec leur immense capacité de déplacement. En effet, dans une tempête ou par une nuit de brouillard, ils doivent se retrouver grâce à leur chant. Ils peuvent donc communiquer entre eux à plusieurs centaines de mètres de distance, voire à des kilomètres, d'autant qu'ils sont entourés d'éléments perturbateurs : le vent, la pluie, le bruit des vagues… Mais c'est comme si, par ce sifflement calme et fin, Jean redonnait ses lettres de noblesse aux oiseaux des jardins. En toute humilité, il s'efface derrière l'oiseau.

Retournant sur mes pas, en prenant grand soin de ne pas me faire repérer, je décide de faire le tour de la maison. Arrivé au coin, je me retrouve nez à nez avec les deux grands yeux de Jean, tout aussi étonnés que les miens. Durant ce face-à-face à l'angle de ma maison, nous sommes traversés par une sorte de défi mêlé de respect mutuel. Jean me perce d'un regard que je soutiens sans ciller. Pas un mot quand deux oiseaux se rencontrent, mais tout est dit dans le poids du silence. Soudain, un « Johnnyyyyyy ! » suraigu résonne dans toute la rue. Ma mère, inquiète de ne pas me voir rentré à une heure pareille, me somme de revenir. Jean m'emboîte le pas, et une nouvelle leçon d'oiseau démarre dans la cuisine. Je file à l'étage et je reprends mon poste, délicatement installé sur mon perchoir d'enfant, à deux marches du palier.

La leçon d'aujourd'hui est très concrète et chantée. Jean réussit déjà à stabiliser les notes d'un sifflement qui restait fragile la veille, à croire qu'il passe ses journées et ses nuits à s'exercer. Mon père explique que, pour faire *ch'corlus*, il faut dans un premier temps réussir à émettre le trille du début du chant, sorte de roulement de tambour effectué par l'oiseau avant d'émettre sa longue mélopée. Ce roulement ressemble à un « r » roulé réalisé par le fond de la gorge : la technique est de combiner le « r » guttural avec une note sifflée tenue et continue. Mais, dès que la fameuse bille du fond de la gorge apparaît, le sifflement de Jean se délite et la voix de l'enfant qu'il est réapparaît. Je l'entends émettre des *arrrrrrrreu* de nouveau-né qui me font éclater de rire du haut de ma cachette. Jean ne se démonte pas et persévère, il essaie quinze, trente, cinquante fois. Ma mère, d'habitude patiente, pousse un long soupir, et mon père propose de passer à l'étape suivante.

Pour présenter le thème du courlis cendré, il s'appuie sur le nom picard de l'oiseau car, dit-il, ce nom est la clé de son imitation parfaite. Le mot *corlus* dérive du thème principal du chant : par onomatopée, le chant commence par un « r » roulé de quelques secondes, s'ensuit *coooorlu coooorlu cooooorlu coooooorlu*, ce qui donne *crrrrrrrrr coooorlu cooooorlu ooorlu orlu orlu.* Tout cela en sifflant dans la tonalité du courlis. Pendant que Jean s'exerce, n'arrivant qu'une fois sur deux à obtenir la bonne note, mon père lui parle des grands imitateurs d'oiseaux migrateurs qui sont capables de reproduire parfaitement le chant du courlis cendré avec leurs doigts, utilisant une technique très rare et très sonore qui peut hypnotiser n'importe quel oiseau venu du Grand Nord.

Peu importe que ce soit vrai ou non, ces mots résonnent en moi. Un sifflement qui hypnotiserait les oiseaux ! M'imaginer charmeur d'oiseaux, en quête de dialogue et d'interaction avec la nature au coin d'un pommier ou en haut d'une colline, voilà qui m'apparaît comme un rêve inaccessible. Depuis toujours, les rudiments des chants d'oiseaux s'infusent en moi. Courlis cendré, chevalier gambette, chevalier aboyeur, mésanges, grive musicienne, merle noir, etc., bercent quotidiennement mon oreille. Grâce à mon père, à mes grands-parents et à mes oncles, tous très proches des oiseaux, j'ai reçu de petites leçons quotidiennes : « Regarde la mésange comme elle nourrit ses petits, tu entends son cri ? » Ou encore lorsque j'étais en vacances, chez mes grands-parents, je voyais mon oncle rentrer du travail en imitant le merle noir dans la cour. Tout fier, il disait : « C'est mon merlichon qui répond. » Ce que Jean découvre avec mon père, c'est un étalage de mon monde, ce monde dans lequel je suis baigné depuis ma naissance. Mais de là à imaginer le développement d'une langue commune entre humains et oiseaux… Cela me paraît impossible, presque transgressif… Il me semble que seule une dose de folie ou un don d'alchimiste pourrait permettre à ces imitateurs, ces hommes-oiseaux, de devenir des êtres capables de passer d'un monde à l'autre.

Jean, toujours bloqué avec le « r » roulé du courlis cendré, arrive à ses fins pour le thème chanté et le maîtrise à peu près. *Corlu coooorlu coooorlu !* Soudain, dans un élan d'enthousiasme, il s'essaie à une note plus aiguë, qui donne un *corliiiiiiiii* très affirmé. Mon père bondit de sa chaise et s'exclame : « Jamais, au grand jamais, ne fais jamais ça. »

Jean, très étonné, rétorque qu'il a déjà entendu ce cri, que dans le guide d'ornithologie des oiseaux d'Europe de Peterson il est décrit comme le cri donnant le nom de l'oiseau « courlis », de même que le nom du coucou serait lié à son chant, *cou-cou.* Regard froid et appuyé de mon père, qui lui répond dans un français limpide : « Ton courlis, comme tu dis, fera demi-tour quand tu feras ce cri ; et ça c'est pas marqué dans ton livre, ce que tu fais, c'est le cri d'alarme de l'oiseau. Si tu veux le ramener et qu'il te réponde, tu dois tout faire en *u*, jamais en *i*, c'est pour ça qu'en picard on dit *ch'corlus* ! *Ch'corluus, corluuuuuuu !* En *u*. Pas en *i*. »

À ces mots, tête baissée, un peu renfrogné, Jean répond que pour le concours des chants d'oiseaux à Abbeville il faut savoir tout imiter à la perfection, du chant au cri d'alarme, du cri de contact au chant de parade, de la femelle au mâle. Le cours du soir s'achève, chacun retourne à ses occupations. Mon père reste persuadé que *ch'corlus* porte bien son nom et son cri, Jean reste convaincu que *corlus* se marie très bien à *courlis*, et moi je rêve d'une imitation divine, lien entre les hommes et les oiseaux.

Le concours

Sur le carton reçu, il était inscrit « Hôtel de France, 18 h 30 ».

Grand hôtel, petite salle, bondée. Je crois entendre une sarcelle d'hiver, les concurrents sont là. Que des hommes, rarement accompagnés. Je m'assois, tout le monde me dévisage quelques secondes, puis très vite l'un fait le chevalier aboyeur à son voisin, l'autre tente une imitation du canard siffleur. C'est incroyable : je suis à la fois terrifié et transi d'admiration. Il y a un père et son fils, un peu plus vieux que moi, des marins pêcheurs du Crotoy. Ils sont tellement brûlés par le soleil d'avril qu'on n'ose imaginer les heures qu'ils passent en baie à vivre avec les oiseaux. Je ne comprends rien à ce qu'ils disent, un picard rapide, tous les noms d'oiseaux en picard, je n'ai pas ça dans mes livres. J'écoute les *pnards*, les *ringands* et même les *tarnéros* (nom picard des canards pilets, tadornes de Belon et des sternes, vraisemblablement les sternes caugek, à entendre l'imitation).

À côté de moi un homme ne parle pas, il est pâle, on dirait le croque-mort dans *Lucky Luke*. Un nez pointu, l'œil aux aguets – un rapace ? Non, on dirait une corneille. Oui, c'est ça, une corneille qui observe. Sa femme vient lui parler, là il s'énerve et se transforme en choucas des tours.

Et puis Zorro est arrivé. Il entre, et la porte claque derrière lui. Ses yeux bleu opale qui nous dévisagent. La roue a tourné. Cette année, il l'annonce, il va gagner.

On n'attendait plus que lui, annonce le duo d'organisateurs qui enchaîne en nous rappelant le règlement. Trois passages sur scène d'une minute maximum pour l'imitation choisie. Nous procédons au tirage au sort, 19 candidats, 19 papiers, et tout le monde tire. J'ai le 5. Zorro le 1. Il va entrer le premier sur scène. Son regard s'assombrit. Ouvrir le bal des oiseaux ne faisait pas partie de son plan.

Il faut annoncer le choix des oiseaux et l'ordre de passage. Si je fais le goéland en premier, je marque un grand coup, mais après je ne pourrai plus me rattraper… Ou alors je finis par le goéland. La dernière impression… laisser une bonne dernière impression… Mais si je suis fatigué, c'est risqué ! En deuxième, peut-être. Oui c'est ça, mésange charbonnière, goéland argenté et courlis cendré.

Quand je dis « goéland argenté », tous les regards me fixent. Zorro crie, en un affreux goéland enroué, « *Y a pu d'pichon, y a pu d'pichon*[1] *!* » Une blague de marin. L'assemblée s'esclaffe, moi pas.

1. « Il n'y a plus de poisson, il n'y a plus de poisson ! »

Mon voisin est content, il a tiré le 19. « Oiseaux imités ? » demande Sandrine, l'organisatrice. « Corneille noire, choucas des tours et corbeau freux. » Jubilation intérieure : je vois les oiseaux dans l'homme. Et mon voisin devient loquace tout d'un coup. Il me raconte que l'année dernière il avait tiré au sort le premier numéro, et quand il avait commencé par faire le choucas toute la salle avait rigolé et ça avait sûrement dû influencer le jury. Mais là, en passant en dernier, c'est sûr qu'il sera mieux classé.

L'ambiance pendant le repas est un peu étrange. Chaque candidat essaie de faire parler un concurrent jusqu'à obtenir, réussite ultime, qu'il imite l'un des oiseaux qu'il fera sur scène. Et, en fonction de la démonstration, les ventres se nouent ou se dénouent. Plus on s'approche de la perfection, plus le rythme des fourchettes ralentit. Certaines assiettes repartent quasiment pleines. Zorro tente sa chance et me demande de faire le goéland, je refuse. Un des Crotellois me sauve et le fait en sifflant. Un goéland immature. C'est joli. Merci.

Direction le cinéma Le Ponthieu. Il y a foule devant l'entrée principale. Nous passons par une petite porte derrière la scène. L'entrée des oiseaux.

La soirée du festival est divisée en deux parties. D'abord la projection d'extraits des films et des photos primés, ensuite le concours de chants d'oiseaux. Après, c'est l'entracte, puis l'annonce des résultats et la projection du film lauréat.

C'est le journaliste Denis Cheissoux qui présente la soirée. Dans les loges, on nous présente le jury chargé de nous départager. Un représentant de la Fédération des chasseurs, un représentant de l'Association des chasseurs de la baie de Somme, le directeur de la Maison de l'oiseau, deux élèves de troisième, deux personnalités du cinéma animalier et un seul ornithologue : Philippe Caruette, du parc du Marquenterre. Des membres du jury viennent serrer la main de quelques concurrents. Ils se connaissent. Les dés seraient-ils pipés ?

Derrière le gros rideau couleur tabac à l'odeur de poussière, je regarde le public par un petit trou. Huit cent cinquante personnes là, devant moi, dans quelques instants. Le présentateur demande au public de ne pas applaudir au cours de l'imitation pour ne pas influencer le jury.

Le concours commence. Zorro s'est lancé, la foule l'a acclamé. Il rivalise d'adresse sur la grive musicienne. Sa puissance de sifflement est exceptionnelle. Le son n'est pas parfait, mais ce qui ébahit tout le monde, c'est l'intensité qui s'en dégage. Il respecte bien les répétitions du chant de la grive. Les motifs choisis ne sont pas les plus difficiles, mais, avec sa technique de sifflement, impossible de rivaliser.

Candidat suivant, le canard siffleur, puis l'huîtrier pie et le courlis cendré. Ma chance. Juste avant moi, un Valericain, fils de la baie, fait le courlis – et plutôt bien. Sans le savoir, il me donne la note juste. J'entre en scène comme un coureur de relais, je ne pense qu'à reprendre sa note, ne pas la faire tomber, lui redonner sa vitesse, son souffle, et c'est parti. Je siffle trop vite, je le sais, mais j'ai la note, j'ai le trille et le *u* à la fin *corrrrlu – schruppff.* Aïe, trop près du micro, ça souffle. Plus d'air, j'arrête. Silence, long silence. Ça applaudit, je ne regarde pas la foule, je repars.

Dans les coulisses, je retrouve mon collègue choucas, il est tellement stressé que ses lèvres tressautent sur son visage livide. C'est le grand troupeau de Giono, les corneilles doivent l'attaquer de l'intérieur. Dix-septième candidat, ça se rapproche, ça va bientôt être son tour.

Ça rigole fort dans la salle. C'est un imitateur qui est resté bloqué… Il fait l'huîtrier pie, mais seul sort le cri d'appel lancinant, et il doit bien en être à sa troisième minute de *tampi-tampi-tampi !* Le candidat est perdu comme le serait un jeune huîtrier pie, encore marqué de son demi-collier blanc, dans les dangereuses brumes de mer de la fin de l'été. L'oiseau est perdu, l'homme est perdu, et ce cri solitaire espère en retour une réponse qui stoppera net son vol. Finalement, le public applaudit pour arrêter le supplice, mais l'imitateur, n'osant s'arrêter, continue de porter sa croix… Le présentateur vient à son secours, mettant fin au calvaire – et dans la salle, ça rit, toujours ça rit.

Monsieur le Choucas entre en scène. C'est le dernier, avec son imitation de la corneille noire. À peine arrivé au micro, aussitôt le nom de l'oiseau énoncé, le public s'esclaffe. Est-ce sa posture ? Cette silhouette caractéristique ? Un souvenir de l'année précédente ? Je l'observe depuis les coulisses. Il lance un *croa croa croa*, le croassement typique du cri territorial. Pas mal ! Il manque peut-être une petite résonance métallique. Il enchaîne avec les *krakra* émis lorsque deux oiseaux se contactent visuellement, mais il se loupe sur le cri de grue flûté, bien trop grave. Pour finir, il donne son maximum sur le cri de houspillement de la corneille irascible lorsqu'elle attaque crânement une buse, ou tout autre rapace qui entre sur son territoire. C'est un joli panel du registre de la corneille noire, auquel il manque peut-être les cris de contact à courte distance, et surtout le plus difficile à réaliser, le cri d'intimité, celui qu'émet le mâle à proximité de sa partenaire : en basculant la pointe de son bec sur sa poitrine tout en fermant les yeux, il produit un petit rot flûté, sa signature sonore personnalisée, avant de rouvrir les yeux.

Et c'est reparti pour un tour. Très vite, c'est à moi. Je me retrouve face au micro, je distingue les yeux du public rivés sur moi. Surtout faire attention au micro, pour les sons en sourdine c'est une aubaine, mais il devient un ennemi des chants puissants. Plusieurs concurrents l'ont heurté, et l'impact a détruit en une seconde la qualité du chant émis. Zut ! Un concurrent a placé le micro trop haut, je ne peux l'atteindre. Tant pis, je me dresse, tends la tête comme un oiseau qui voudrait atteindre du bec la plus haute branche, et je lance de ma voix d'enfant un premier *koua*, le cri de contact du goéland argenté, pas trop puissant.

À la seconde même, la salle se tait. Je relance un *koua* plus intense. La salle se pétrifie. Un troisième et un quatrième, avec un rythme de plus en plus rapproché. Le public frémit, un frissonnement difficilement descriptible, une sorte d'harmonie dans l'émotion qui me donne des ailes. J'enchaîne avec les cris de contact : *koua-koua*, et un plus aigu, *kwui*, que j'imagine être une femelle. Mon corps se plie et mes bras s'ouvrent. Sans aucun effort, la saccade accélérée sort de mon corps.

Kwouia, kwouia, kouii-ia, kouiiiii-ia, kuiuu-kuiu-kuiuu...

Plus besoin de micro. Je suis un goéland qui vole. Je plane, les bras grands ouverts, le bord de scène devient la falaise. Mais je suis à bout de souffle, je dois m'arrêter net – j'ai oublié d'inspirer.

Les applaudissements explosent, ça crie dans le public. Les huit cent cinquante spectateurs donnent à l'unisson. Je vois des sourires sur les visages des membres du jury, assis au premier rang. Certains annotent leur feuille tandis que d'autres applaudissent. À partir de cet instant, je suis devenu à jamais le goéland du Festival de l'oiseau.

Je quitte la scène. Je m'en veux un peu, j'ai oublié de faire les cris de quémandage des petits, des sons très aigus flûtés, et aussi les alarmes des adultes, ces caquètements répétés par les parents à l'approche d'un danger, qui ont pour effet de bloquer l'oisillon au nid, comme dans une partie de « un-deux-trois-soleil », juste le temps que le danger s'éloigne.

Lorsque j'arrive dans les coulisses, les concurrents me regardent avec un drôle d'air.

Je vois un paquet de pouces tendus dans ma direction, auxquels je réponds par un petit sourire. Même Monsieur Choucas semble avoir gagné son combat contre les oiseaux des ténèbres. Souriant, il vient me chuchoter quelque chose que je ne comprends pas. Ça devait être gentil. La chape de plomb a disparu, seul Zorro me jette un regard noir. Je baisse les yeux.

Tout va tellement vite ensuite. Pour mon troisième tour, je saccage le chant d'une mésange charbonnière. Ma technique de sifflement est impossible à réaliser sans un relâchement total. À la moindre contraction, ma triple embouchure des dents, lèvres et langue se disjoint et la sibilation s'embrouille dans un chuintement non maîtrisé. En même temps, vu la composition du jury, je ne pense pas qu'une mésange charbonnière, fût-elle parfaitement interprétée, puisse marquer des points. À l'avenir, si le jury est le même, il faudra que je travaille particulièrement des espèces emblématiques de la baie de Somme. Des chevaliers aboyeurs ou gambettes, mais pas le sylvain. Des canards siffleurs ou pilets, mais pas le cygne tuberculé.

Monsieur Choucas, comme à son habitude, finit par le choucas, la salle complaisante rit encore beaucoup, et puis c'est l'entracte. Il était convenu que je retrouve mes parents dans la salle, mais impossible d'avancer. Tout le monde me saute dessus comme une escouade de fous de Bassan sur un banc de harengs. « Quel âge as-tu ? » « Tu viens d'Arrest, c'est ça ? » « C'est quoi la différence avec la mouette ? » Les gens me regardent, me dévisagent. Lorsqu'enfin j'atteins mes parents, il y a beaucoup de monde autour d'eux. Ils ne comprennent pas. C'est pourtant clair : j'ai marqué un grand coup !

Après l'entracte, le vainqueur de l'année précédente, Hélios, qui est aussi dans le jury, nous présente le numéro de cabaret qu'il joue à Paris. Il entre en scène, habillé tel Robin des Bois, chapeau en feutre vert orné de longues plumes de faisan. Il siffle admirablement bien. Son numéro est un hommage au printemps. Il fait tout un tas de petits chants d'oiseaux. Oiseaux imaginaires qu'il fait vivre du bout de ses doigts et qu'il semble relâcher, comme s'il jonglait avec eux. Mi-Papageno, mi-Robin des Bois, mais jamais imitateur d'oiseaux, Hélios nous emmène dans son histoire. Un soleil apparaît à la fin, et le voilà parti dans une série de coucous qui annonce l'heure du réveil. C'était juste un rêve… Ce soir-là, j'ai compris que les chants d'oiseaux racontaient une histoire, et cette leçon est restée gravée en moi à jamais.

Roulements de tambour… « Le jury a délibéré ! » annonce Denis Cheissoux en remontant sur le podium. Le troisième, c'est le pêcheur du Crotoy qui fait magnifiquement le courlis (il s'est aussi essayé au goéland argenté mais forcément, ce soir-là, il ne fallait pas) et le deuxième… c'est moi ! Deuxième meilleur imitateur sur dix-neuf participants, à onze ans ! J'emporte aussi le prix des moins de seize ans, soit la rondelette somme de 3 000 francs. Je n'en reviens pas.

C'est Zorro qui remporte la première place et gagne un voyage d'une semaine pour deux personnes dans le parc national du Djoudj, au Sénégal. Il s'empare du micro du présentateur et, pendant plus de trente minutes, il occupe la scène. Telle une grive gavée de raisin trop mûr, il part dans un seul en scène exceptionnel. Il enchaîne toutes les imitations des oiseaux de la baie. Confond parfois le cri du petit gravelot et celui du grand gravelot, mais qu'importe. Il reprend sa scène des goélands « *qu'ont pu d'pichon* » avec l'ensablement de la baie, dont il nous avait réservé la primeur lors du tirage au sort. Et toute une ribambelle de mimologismes plus ou moins graveleux sur les chants d'oiseaux, démontrant par a + b que le chant de la grive musicienne se résume à *tcho cul tcho cul tcho cul – tchotte bite tchotte bite tchotte bite*. La salle rit aux éclats. Mes parents, sûrement pas. Il termine par son imitation du petit train de la baie de Somme et celle du chef de gare de Noyelles.

Ses performances ponctueront dès lors les dix éditions à venir du concours du Festival de l'oiseau. Un classement minable aura un jour raison de sa superbe, et il s'autodéclarera hors concours à vie pour que perdure l'histoire. Mais peu importe son classement, le public local n'attendra en friandise que cette intervention du Zorro de la baie de Somme. Certaines cuvées seront plus ou moins exceptionnelles, pourvu que l'entracte et la durée d'imprégnation éthylique n'aient pas été trop longues… Les réactions du sous-préfet ou des officiels non avertis vaudront toujours d'être guettées. Surtout l'année où, son permis lui ayant été retiré, il viendra le réclamer auprès du préfet en faisant l'imitation du poulet. Le chant d'oiseaux, c'est ça. Ce lien entre, d'un côté, l'imaginaire poétique d'Hélios, de l'autre, les histoires vivantes des gens des zones sauvages. En quelques instants, ces chants peuvent faire rire et pleurer, et ce soir-là j'ai rencontré mes deux premiers maîtres.

Lorsque, le lendemain du concours, je vais voir le père Rasse pour le remercier, un article du *Courrier picard* trône sur la table. Il n'en revient pas des 3 000 francs. « Je t'avais dit que Zorro, il était fort, mais il n'ira jamais en Afrique ! »

L'enfant prodige

Le traditionnel repas du dimanche se fait souvent avec mes grands-parents. Apéritif au salon, télévision allumée, tout le monde discute, s'exclame. Les uns sur la dernière tempête et l'arrivée des saints de glace, les autres sur la mort du grand-oncle ou d'une lointaine connaissance de la famille. Les dialogues fusent et rebondissent, le journal télévisé d'Antenne 2 commence avec son habituel générique, tout le monde le regarde distraitement et n'attend qu'une chose : la fameuse météo présentée par Nathalie Rihouet. De temps en temps, un événement plus important retient l'attention : ma grand-mère observe d'un œil la dernière image d'un mur disparu qui signe le renouveau entre deux blocs, images fortes de symboles. Mon grand-père s'arrête devant le journal des sports qui met à l'honneur le XV de France de Serge Blanco.

Arrive enfin la météo, et son lot d'imprévus. La séquence est accompagnée d'un petit reportage intitulé « Le clin d'œil de la météo », sorte d'impromptu dominical, qui ce jour-là porte sur le thème du printemps.

Lorsque Nathalie Rihouet, amie de tous les Français, prononce le nom de Jean Foucault, mon cœur vacille, car Jean Foucault est si proche de Jean Boucault que je pense un instant que notre Miaule va débarquer dans la télévision du salon. La météo se passe et chacun se fige devant l'avancée anticyclonique des Açores, mot barbare dont tout le monde ignore la provenance et la signification. Résultat : pas de nuit de gel pour le moment, les températures resteront printanières. La présentatrice est très heureuse d'annoncer un soleil radieux et de lancer le clin d'œil de la semaine sur le fameux Jean Foucault, elle répète : Jean Foucault, l'enfant qui parle aux oiseaux.

Le reportage commence, et je crois m'évanouir… Jean, que l'on avait vu la veille et qui s'était abstenu de nous le dire, est dans l'écran de la télévision du salon face à mes grands-parents, s'invitant au repas du dimanche ! Aucun doute, la première image derrière la tête de la speakerine montre notre Jean sur un îlot au milieu d'un étang, les bras étendus, en train de crier comme un goéland. Durant quelques minutes, médusés, tandis que mon petit frère crie : « Y a Jean à la télé, y a Jean à la télé ! » en sautant dans le canapé, nous assistons à un véritable spectacle. Jean, onze ans, grands yeux bleus, très télégénique, avec son érudition sidérante, parle sans aucun stress, sourit et livre une performance incroyable avec l'imitation de son goéland. Nathalie Rihouet conclut par : « Quel talent ! Je n'ai pas de mots. »

Mes grands-parents, totalement sous le charme, découvrent l'enfant prodige. Et lorsque mon père raconte toute l'histoire, ils disent se sentir honorés qu'une personne de la télé puisse côtoyer notre famille. Après mon père, les élèves de l'école d'Arrest, ma famille, c'est donc au tour de mes grands-parents de succomber au charme de cet enfant et à son don incroyable de parler aux oiseaux.

Le repas dominical terminé, je décide de partir seul dans la nature et disparais dans un petit bois, à une centaine de mètres de la maison. Folie passagère ou révélation de cette journée unique, je pose délicatement deux doigts, le majeur et l'annulaire, dans ma bouche, en laissant entre les deux un espace qui permet la libération de l'air, créant ainsi une sorte d'embouchure. Ma langue se place d'elle-même sous le bout de mes doigts, tout s'emboîte naturellement. Dans la seconde même, j'obtiens une vibration assez grave et un son, une note, qui reste parasitée par beaucoup d'air, mais bien présente. Elle porte la promesse d'autres à venir. Dans ce bosquet où j'exprime ma peur de perdre les piliers de mon enfance, le désespoir de voir mon père et ma mère au chevet d'un autre oiseau, s'esquisse alors un nouveau chemin.

Le rendez-vous est pris. Tous les jours je viendrai m'exercer sous les branches des grands chênes du bosquet. J'irai chercher un sifflement à la virtuosité infinie. Celui qui me permettra de récupérer l'amour de mon père.

Les deux enfants

C'est avec une certaine modestie que Jean réapparaît le lendemain, l'air de rien, au seuil de ma maison. Il vient demander conseil à mon père pour l'imitation du mâle de canard siffleur. Je sens aussitôt que les membres de ma famille sont différents, affairés, aux petits soins, comme dans une mauvaise pièce de théâtre. Des « merci, Jean ! » et des « oui, Jean ! » résonnent à tout bout de champ. En fait, chaque phrase est ponctuée par « Jean »... Je suis surpris de réaliser l'impact de la télévision sur les membres de ma famille – car si Jean n'a pas changé d'un cheveu, les autres se sont transformés à la seconde même où il est apparu sur le petit écran. Drôle de cinéma que de voir mes parents proposer à 19 heures des madeleines et des jus de fruits pour tout le monde, et la famille réunie dans la cuisine dévisager Jean de la tête aux pieds. Même le « bon alors ? » interrogatif de mon père qui n'y tient plus, dans l'attente des croustillants détails du passage télé, n'y fera rien. La réponse de Jean est limpide : « Je veux imiter le mâle de canard siffleur. »

Je suis frappé par la sincérité et la vérité de cette réponse. Nulle sirène n'a pénétré son âme. Du haut de l'escalier d'où je n'ai pas bougé, je souris. Le canard siffleur a balayé d'un coup d'aile toute cette histoire de télévision. L'imitation du canard siffleur est si importante et essentielle pour Jean que son passage avec Nathalie Rihouet lui semble anecdotique, insignifiant. C'est à cette seconde que je commence à découvrir qui est ce drôle d'oiseau. Je décide de descendre quelques marches et je m'approche, j'écoute la nouvelle leçon sur ce canard sublime, qui demande un sifflement d'une pureté extrême, un *ououiiiiiioo* très sonore et aigu, chant venu du Nord qui résonne lors des grandes migrations hivernales. La leçon porte surtout sur la note à tenir en fin de phrase – c'est-à-dire le maintien de l'aigu. Jean n'est toujours pas à l'aise pour siffler, son imitation est fragile, tel un chanteur au vibrato instable, et sa note se dérobe sous la pression trop intense de l'air.

Soudain, mon père le relance : « Bon, alors, on attend ! » Jean, un sourire aux lèvres, répond enfin à la demande : « Ben, deuxième ! » Mon père ne comprend pas, et avec un bel accent du Nord rétorque : « Hein ? » Mais Jean réitère : « Ben, deuxième ! Mais premier quand même ! » Le dialogue surréaliste m'invite à tendre un peu plus l'oreille.

Jean explique qu'il a participé au fameux concours d'imitation d'Abbeville, dans la grande salle du cinéma Le Ponthieu, devant huit cent cinquante spectateurs, et qu'il a fini deuxième du classement général. Mais il précise aussitôt qu'il a remporté le premier prix dans la catégorie des moins de seize ans, catégorie créée sur le moment pour ménager la susceptibilité des adultes inscrits… Car, devant le talent de l'enfant prodige, le Festival de l'oiseau a pris soin de laisser le premier prix à un adulte afin de ne pas froisser qui que ce soit. Jean, trop heureux de son prix, a donc empoché la somme de 3 000 francs. Il nous explique qu'il veut s'acheter une longue-vue pour observer les oiseaux. Un bonheur contagieux remplit le corps de cet enfant. Désarçonné, mon père se demande pourquoi un enfant qui vient de gagner 3 000 francs continue d'investir corps et âme dans sa passion, comme un chercheur qui ne se lasse jamais de découvrir et de s'émerveiller… Mes parents restent sans voix, ils ne sauront rien de Nathalie Rihouet ni de ce passage à la télé.

Une quinzaine de jours plus tard, ma mère relève les derniers prospectus dans la boîte aux lettres et en extrait le journal du village, *ch'Bidayen*, qui fait la part belle aux maisons fleuries, aux naissances, aux pompiers et aux derniers travaux de voirie. Il consacre une page entière à l'exploit du fils du pharmacien Jean Boucault. Au milieu de toute cette paperasse s'est glissée une drôle d'enveloppe estampillée du logo de la chambre de commerce et d'industrie d'Abbeville. Ma mère n'ose la toucher et la dépose, comme les documents importants, dans l'assiette de mon père, qui doit rentrer vers 12 h 30 pour déjeuner.

Ce mercredi matin, je retrouve mon bosquet à l'abri des regards. Mon chant de canard siffleur est déjà fort, intense et sonore. Après la leçon de la dernière fois, j'ai peaufiné l'aigu de la fin de phrase de ce *ououiiiiiioo…* caractéristique. Mon chant ressemble à s'y méprendre à celui du mâle à la tête rousse paradant devant sa femelle. Je maîtrise bon nombre de chants d'oiseaux maintenant. Les limicoles, courlis, chevaliers, etc., sont très faciles pour moi, car mon père et mes oncles sifflent ces airs comme une ritournelle en rentrant du boulot.

Mais, contrairement à Jean, j'ai mis au point une technique avec les doigts dans la bouche, que personne n'utilise. Une technique unique qui donne une puissance extrême, comme une « voix pleine » en chant. Les oiseaux évoqués lors des leçons entre mon père et Jean sont très simples, ils sont souvent mono- ou dissyllabiques, mais ne possèdent pas de ligne mélodique ou de longues phrases déclamées. Les oiseaux dits chanteurs, qui sont les grands virtuoses de nos jardins, possèdent un organe siffleur très développé, et plus je me retrouve seul dans ce bois, plus je m'émancipe de l'imitation des oiseaux maritimes pour flirter avec les oiseaux des bosquets. L'ambitus du chant de ces oiseaux demande une précision extrême, et, au-delà des notes, la texture du son peut varier, avec des roulements, des diphonies ou des attaques plus marquées. Lorsque je crois maîtriser convenablement la mélodie d'une grive ou d'une fauvette, je m'aperçois aussitôt qu'elle manque encore de grain, d'épaisseur ou de clarté – mais, seul dans mon bois, je sens que j'approche de plus en plus de la virtuosité des passereaux.

Mon secret bien gardé, je rentre ce midi, à l'affût du bruit du moteur de la 2 CV de mon père. Je cours derrière sa voiture de peur de me faire gronder en rentrant, car il est interdit d'arriver après lui sous peine de lui faire perdre du temps de repas. Tout le monde doit manger en même temps, et la même chose. Ce midi, des pigeons aux petits pois avec des petits lardons attendent dans la grosse cocotte-minute – je m'étais levé avec l'odeur âcre et acide des ailes que l'on brûle à la flamme, signe que ma mère était en train de préparer ce repas qui, comme chaque midi, sera englouti par nos cinq bouches affamées, sans penser à la tâche.

C'est au son de l'habituel « qu'est-ce qu'on mange ? » lancé par mon père que son regard se pose d'un coup sur son assiette. Il découvre la fameuse enveloppe, qui n'est ni un de mes bulletins de notes ni une facture, mais la lettre de la CCI d'Abbeville. La provenance officielle du document laisse mon père de marbre, il s'approche et soulève l'enveloppe, interrogatif : « C'est quoi encore, ça ? » La dureté du propos laisse entrevoir le pire, un courrier de la chambre de commerce signifie certainement une traite de plus à payer ou l'oubli d'une déclaration obligatoire.

Le couteau posé au bord de l'assiette sert de coupe-papier. L'enveloppe ouverte, mon père saisit la lettre ; elle comporte trois fiches semblables, au nom des trois hommes de la famille, mon père, mon frère et moi-même : « Demande d'inscription au Festival de l'oiseau dans le cadre du concours d'imitation de chants d'oiseaux. » Nos noms, prénoms et adresse sont déjà préremplis, en bas, trois cases vides attendent notre réponse – oiseau 1 : / oiseau 2 : / oiseau 3 : /. La stupeur se lit sur le visage de mon père : qui a pu avoir ces informations et qui peut bien penser que notre famille entière imite les oiseaux ? Pour moi, le corbeau était tout désigné, mais mon père avait la prétention de croire que sa réputation de fin siffleur le précédait, et que dans la baie de Somme son nom avait circulé. J'apprendrai plus tard que c'est bien Jean qui avait pris son téléphone et inscrit toute la famille au concours. S'il avait pu proposer notre chien Bobby, il l'aurait fait… Drôle d'initiative, née d'une vision idéale, la grande famille du village d'Arrest réunie sur la scène du cinéma Le Ponthieu et sacrée à l'occasion de la soirée du concours !

Mais il n'en sera rien. Mon père déchire sur-le-champ son inscription dans un geste de fierté et de mépris : « Personne ne m'inscrit sans me le dire. » Mon frère est trop petit. Reste mon cas. La feuille portant mon nom va rester dans un tiroir, soigneusement mise à l'abri par ma mère. Je ne sais toujours pas comment, avec mon secret si bien gardé, Jean a pu savoir que je devenais peu à peu cet enfant-oiseau caché dans mon bois, me transformant, à l'écart des yeux des autres. Ni comment ma feuille d'inscription n'a pas été jetée ou égarée comme on perd un permis, une carte d'identité ou des clés, ce qui était une habitude dans ma famille.

De retour chez nous, Jean ne parle pas du document, ni mes parents d'ailleurs, et une sorte d'omerta tombe sur ce courrier. Ce soir, il n'y a pas de cours à proprement parler. Jean, mon père et moi profitons du merle noir qui chante dans le cerisier du jardin. Le merle est heureux, les cerises sont rouge foncé, et, tout en me gavant des perles rouges charnues et sucrées à souhait (car nous avons le plus beau cerisier du village, né d'une greffe entre un merisier et un bigarreau burlat), j'apprends que l'oiseau chanteur au costume noir renvoie tous les autres au rang d'apprentis. En effet, c'est le merle noir le plus grand chanteur, pour mon père comme pour Jean qui pourtant, je crois, se délecte davantage des cerises que du beau merle. Mon père, qui a arrêté de manger, se concentre uniquement sur les longues arabesques de l'oiseau. Après discussion, tous deux tombent d'accord : il est impossible d'imiter cet oiseau à la perfection, tant son chant est beau et complexe, la variation infinie de son thème revenant toujours à la même phrase, comme un cycle dans une variation de Bach. Le temps ne compte plus, ni pour le merle ni pour nous, il se dilue sous la maîtrise technique du chant, et les minutes passent dans la justesse des notes, de ce paysage idyllique, entre le cerisier, la moiteur du soir et les hannetons dansant autour du bouleau. La nuit descend délicatement sur notre campagne quand, dans un fracas dissonant et percussif, le merle quitte sa place. Son cri de fuite est digne des plus grandes œuvres de Boulez, le changement est brut et radical, laissant penser que l'auteur ne peut en être le même.

Reste ce que l'on nomme « l'appel au dortoir ». Tous les merles alentour égrènent quelques notes aiguës dans la nuit tombante, des notes sèches et fermes, tel un ensemble polyphonique, dans un cri de ralliement qui nous rappelle qu'il est temps de dormir, pour eux comme pour nous.

Le fils du vent

Après quelques semaines d'essais infructueux dans mon bosquet, j'ai toujours les deux pieds cloués au sol, loin des fauvettes. Avec l'arrivée de l'été, leurs chants ont laissé place au piaillement des vagues d'étourneaux sansonnets qui me narguent à longueur de journée, comme pour se moquer de moi. Voilà ce que devient mon petit bois en cette fin de juillet : un vaste dortoir communautaire pour étourneaux aux cris stridents et répétitifs.

L'envie n'y est pas, la fougue et l'espoir des débuts ont disparu, laissant place à la contemplation. Mon regard vogue sur les grands moutons blancs qui naviguent dans le ciel bleu. Je balaie des yeux le ciel, puis la plaine. Une alouette des champs chante inlassablement au milieu des blés presque mûrs, son vol ascensionnel accompagne son chant, mais impossible d'observer ce mâle perdu dans l'immense azur. Le chant de l'alouette s'éternise, il dure si longtemps pour un être si petit, une cinquantaine de grammes et un chant d'une dixaine de minutes, sans arrêt ni çoupure. L'éternité des aigus qui berce la douceur de l'été.

C'est en cherchant ce petit point sombre dans l'horizon que j'aperçois un losange transparent à quelques centaines de mètres. Un losange équilibré par une longue queue se déplaçant légèrement à la verticale, papillonnant tel un faucon crécerelle au-dessus d'un mulot. Ce losange, assez haut, me rappelle l'altitude des rapaces et leur vol stationnaire caractéristique. Je m'approche progressivement de ce drôle d'oiseau quand, dans une bourrasque, je le vois piquer droit sur la terre, se perdant net dans les grands épis de blé. À l'opposé de moi, à une trentaine de mètres, je remarque un enfant avec une casquette sur la tête.

Il me crie : « Vas-y, à droite, un peu plus loin, avance, avance, je te dis, il est devant ! »

Je m'exécute, sa parole est portée par un vent de plus en plus fort.

« Vas-y, dépêche-toi, y a du vent là. »

Je cours, oubliant que les blés me piquent les jambes à travers mon pantalon, sans penser que ma trousse et mes carnets de dessins peuvent s'échapper de l'emprise de mon sac. Soudain, posé sur un tapis de coquelicots rouge vif, le cerf-volant est là, gisant comme un soldat couché tout droit sorti de la Grande Guerre.

« Prends-le, et recule, vas-y, vite ! me crie le garçon à la casquette. Y a du vent, tu sens pas, le temps tourne, ça va péter ! »

Je me précipite, j'attrape le losange et je recule, le fil se tend, il me crie : « Stop ! Mets-le face à moi, et fais gaffe à la queue ! »

J'obéis. Il reprend : « Un peu vers la gauche, voilà ! Bien face au vent, parfait ! »

Le cerf-volant est complètement archaïque. Je sens le poids des heures passées à essayer de façonner cette machine volante. Le garçon finit par me lancer : « Ne le jette surtout pas, tu le lâches seulement. » Un courant d'air chaud emporte soudainement le bout de tissu à la verticale, droit vers le ciel qui se charge de nuages sombres. Je comprends par moi-même ce lâcher-prise face à un vent puissant.

Sans quitter des yeux l'objet volant, je m'avance, titubant dans les blés vers ce garçon au regard étrange et plus âgé que moi. Je crois reconnaître Rémi, le fils aîné du garde champêtre du village. Il est assez grand et large d'épaules, et tient dans les mains non pas une bobine ou une de ces manettes que l'on a coutume de voir dans les mains d'un cerf-voliste, mais une énorme manivelle en bois fabriquée par l'ébéniste du village – je reconnais le travail de mon ami Gilbert, qui m'a offert des nichoirs pour les mésanges. La manivelle est tellement grosse et lourde de fil que Rémi peut la poser sur le sol sans que le cerf-volant l'emporte.

Mon regard se porte sur le fil de pêche de grande résistance qui s'enroule sur la manivelle. « Ton père, y pêche ? » me demande immédiatement Rémi. Je lui réponds que oui, mais il y a longtemps, avec mon grand-père dans le canal de la Somme. Il a d'ailleurs attrapé une truite de mer, sa fierté ultime, vingt fois racontée à la Saint-Sylvestre. Rémi ajoute : « Il a encore du fil ? » « Pourquoi ? » je lui demande. Alors il m'explique qu'il récupère toutes les bobines de fil de pêche des pêcheurs aux alentours, des fils ayant une résistance de plus de 10 kilos. Je sais qu'une bobine de pêche peut faire une sacrée longueur, 50 mètres, voire plus, et qu'il y a une multitude de pêcheurs dans notre village. À la taille du fil enroulé sur l'énorme manivelle, je devine le nombre de rencontres et de négociations que Rémi a dû faire, des rencontres attachées les unes aux autres par ce nœud délicat qu'il nommait « nœud de raccordement ». Des kilomètres de fil défilent devant mes yeux ébahis.

Écoutant le récit de ses aventures, je remarque que les doigts de Rémi sont écorchés, surtout l'index, coupé en plusieurs endroits. Le fil lui scie les doigts mais rien ne le distrait de la contemplation de son cerf-volant qui file droit vers le ciel. Je lève les yeux, je cherche le losange là-haut, je m'aperçois que plus rien n'existe entre les doigts de l'enfant et le ciel, comme si, accroché à la voûte céleste, le cerf-volant avait complètement disparu. Le fil est cousu directement au cœur des nuages. Rémi tient les cieux dans ses mains, avec une bobine de bois il devient un pêcheur de ciel, un pêcheur de nuage. La ligne du fil est courbée et il me dit, les yeux remplis d'émerveillement : « Tiens, essaie, tu vas voir, y a plus de tension. »

Après avoir tracté la voile au point de lui couper les doigts, le fil est désormais mou, sans plus aucune tension, comme si le cerf-volant avait enfin trouvé la paix, la liberté au-dessus des nuages. Je pense à ce moment-là aux oiseaux, au vol des grues cendrées, ou même des oies, et je m'en sens plus proche. Je remercie encore Rémi, les yeux tournés vers le ciel, qui m'a fait sentir et comprendre le vent. Rémi le rêveur qui un jour s'est engagé dans l'armée, dans l'aviation, au mauvais moment, c'était la guerre au Kosovo. Il avait vingt ans, sans doute a-t-il voulu s'approcher trop près des nuages.

Le grand dilemme

Les histoires de sauvetage finissent mal, en général. Un oisillon est tombé du nid, sur le trottoir, ou alors vous surprenez un chat en train de jouer avec une petite boule de duvet. Vite, vous récupérez l'oiseau et le placez dans un carton avec au fond un petit chiffon.

La petite merveille est installée. D'abord apeurée, elle s'habitue peu à peu à chacun de vos gestes. Après quelques heures, elle jette vers vous un petit cou tendu de peau nue avec au bout une petite tête ronde, une touffe de duvet sur le crâne et deux gros yeux à moitié clos. Son large bec jaune aux commissures souples et colorées est grand ouvert. Comment résister à l'envie d'obéir à ce début de regard et ne pas lui apporter le repas qu'il attend… Et les cris de quémandage ne font qu'amplifier le désir de le faire taire ou de le satisfaire.

Ces cris, que ce soient ceux des enfants ou des oisillons, m'ont toujours interpellé. Plus ils sont insupportables à entendre, plus les parents se dépêchent d'assouvir le besoin, espérant que, rassasié, l'oisillon se taise un instant. Dans le couffin comme dans le nid, la transe parentale est souvent la même.

À l'heure du repas, les cris émis par les jeunes oiseaux sont tellement audibles qu'un prédateur peut facilement déceler la position du nid. Vite, le faire taire, nous pourrions être repérés !

En fonction de l'espèce, de petits morceaux d'œuf cuit, des vers de farine, quelques vers de terre ou des morceaux de steak haché feront office de pitance avec quelques gouttes d'eau distribuées grâce à une paille.

Après quelques jours, le glouton a doublé de volume. Et ses fientes commencent à sentir particulièrement mauvais. Au début, dans le nid, les parents retirent les fientes, qui se présentent sous la forme d'un petit sac fécal, l'équivalent d'une petite couche bien pleine. L'enveloppe du sac est constituée d'un ballon de mucus souple et transparent qui évite au parent de se salir le bout du bec.

La merlette apporte une brochette de vers et repart avec un petit sac. On ne quitte pas le nid le bec vide ! Chacun son tour. Par miracle, un seul oisillon à la fois émet son sac fécal. Celui-ci sera rejeté un peu plus loin pour éviter que l'odeur du nid ne le trahisse aux maîtres de l'olfaction.

Lorsque la couvée prend de l'âge, vers le dixième jour, les jeunes arrêtent d'émettre des sacs fécaux. D'un retournement de leur corps, d'un mouvement de bascule et d'une contraction abdominale, ils éjectent les fientes par-dessus bord, parfois à plus d'un mètre de distance. Dans la caisse, le duvet se transforme très vite en plumes. L'oisillon se tient debout. Et cette odeur dans la pièce… Il est peut-être temps de changer de chiffons !

L'oisillon recueilli grandit à vue d'œil et ne cesse de quémander. Très vite, il reconnaît, à sa voix ou à sa démarche, son sauveur qui s'approche. Il sait que c'est bien lui qui arrive et tend son bec grand ouvert. Tandis que, méfiant, il se recroqueville au fond de la boîte si c'est un autre qui entre dans la pièce. Il en va généralement de sa survie, même s'il arrive qu'un oisillon esseulé et téméraire demande sa pitance au chat de la maison !

Mes pensionnaires ont été nombreux : le petit merle au crâne scalpé que m'apporta ma voisine quand j'avais sept ans, le petit accenteur mouchet retrouvé tout froid au pied d'une haie à mes dix ans, la petite grive prisonnière d'un filet de protection de fraisier, le moineau domestique tombé d'un toit à la ferme, la petite tourterelle toute maigrichonne et plus tard les oisons. Tous ces oisillons ont eu le droit de partager un peu de ma chambre ou de ma maison, et ils m'ont ouvert leur monde. Ils m'ont offert leur instinct d'oiseau et leur part de sauvagerie. En échange, je leur ai donné ce que mes placards contenaient de biscottes et de pain ou, mieux encore, les mouches collectées après de longues séances avec une tapette le long des fenêtres, et les nombreux vers de terre récupérés sous des planches disposées dans le jardin à cet effet.

Et j'ai offert tout ce que mes yeux pouvaient observer, mes oreilles entendre et mon nez sentir. Cette plongée dans la vie de l'oiseau m'aide à avancer sur le chemin qui mène à « penser oiseau ».

Les petits cris de quémandage qui diminuent avec la satiété, le regard satisfait de l'oiseau qui, gavé, ferme les yeux et s'endort en faisant tomber sa lourde tête sur le côté… Je le regarde comme une mère aux côtés de son bébé qui s'endort.

Un bruit, une ombre, et l'œil de l'oisillon s'ouvre, il se réveille et de nouveau pépie. Il a faim ! Alors il faut recommencer, attraper des mouches ou des vers de terre.

L'oisillon est grand maintenant, il sait voler d'une chaise à la table. Il bombarde la moquette et parfois mes feuilles de devoirs de fientes visqueuses. Puis il marche dedans, et sur le parquet je peux remonter les traces du Petit Poucet, trois doigts devant et un derrière jusqu'à la salle de bains.

« C'en est trop ! » C'est un ordre du gouvernement familial. L'oiseau est sauvé, il doit partir. Retrouver sa vie sauvage. Mais toutes mes histoires de sauvetage se sont terminées par un drame. L'oiseau remis sur le chemin de la vie devenait après quelques heures dehors le jouet d'un chat ravi de trouver un otage si compréhensif. Le lendemain de sa libération, j'ai retrouvé la petite grive morte, elle avait percuté la baie vitrée de la cuisine. L'accenteur mouchet a disparu, tout comme la petite tourterelle.

Le renflouage du bateau de la vie n'avait prolongé que de quelques heures ou de quelques jours l'existence de l'oiseau. Et j'avoue être très embêté quand quelqu'un m'appelle afin d'avoir des conseils pour un oisillon trouvé. J'ai envie de répondre : « Tu vas vivre la plus belle expérience possible et plonger dans un autre monde. » Mais la bonne réponse serait : amène-le vite dans un centre de soin adapté où l'oiseau ne sera jamais en contact direct avec l'homme, mais ils sont très rares et sans beaucoup de moyens ; ou alors occupe-t'en mais fais en sorte que l'oiseau n'apprenne pas à te reconnaître. Sinon, par l'empreinte que tu donnes à l'oisillon, tu compromettras irrémédiablement ses chances d'être sauvage.

D'être oiseau parmi les oiseaux.

La métamorphose

L'été, les hommes de ma famille sont affairés à l'élevage des canes colverts, toujours à la recherche de la chorale parfaite. Comme tous les samedis, nous partons donc chez mes grands-parents : vingt-cinq minutes de trajet à travers la campagne dans la 2 CV familiale couleur crème, direction l'immense basse-cour lyrique. Mes parents devant, ma mère au volant, mon père comateux, épuisé par son travail, mon frère bougon de se retrouver au milieu, et moi scrutant les champs dans l'espoir d'apercevoir une buse ou un faucon. Dans le fracas du moteur, fenêtres ouvertes, je pose machinalement mes doigts sur mes lèvres, prêt à me laisser porter par le vent. Je ne le sais pas encore, mais c'est le moment de traverser le Rubicon et de m'affranchir du fil me reliant à ce bosquet pour me libérer. Ma mère concentrée sur la route, mon père dans ses songes et chacun dans son monde, à rêvasser, voici venu le temps où je dois tout dire.

Prenant une grande inspiration, les cheveux dans le vent, espérant secrètement ne pas être entendu, je décide, caché à l'arrière de la voiture, de lancer la ritournelle impossible du merle noir devant le public le plus difficile du monde : ma propre famille. Si je n'ai encore jamais réussi l'imitation parfaite du chant de cet oiseau, quelques ébauches me sont déjà apparues dans le bosquet perdu. Pourtant, par respect ou par peur du ridicule, j'hésite, à l'heure d'imiter ce chant considéré comme divin par les puristes ; je me sens comme un enfant prêt à sauter du plongeoir mais qui recule de trouille. Le chant du merle est le plus complexe qui soit, le plus respecté par mon père… Alors je pense au cerf-volant voguant sans résistance au-dessus des nuages, et à Rémi endurant la douleur de ses doigts coupés avant d'atteindre la plénitude.

Je ferme les yeux, mes poumons gonflés au maximum ; je dois réussir à siffler une phrase longue, continue et dire qui je suis et où je suis. La ritournelle crépusculaire du merle noir est inscrite en moi. Depuis ma naissance, elle accompagne mes levers et mes couchers. Chaque chant de merle est unique mais raconte la même chose : sa position, son état, sa vie. La première note est une médium grave animée par un trille extrême, elle dure deux à trois secondes. Le merle affirme qui il est et s'assure, tel un musicien avant un grand concert, que son instrument est en parfait état. Tenir cette note demande une grande technicité, car elle doit être pure, cristalline, mais timbrée. Simple majuscule d'une longue phrase, elle exprime déjà pourtant l'identité du chanteur. S'ensuivent les variations d'un thème qui n'est pas encore affirmé mais que l'on devine sous le trait de quelques notes ; comme un vieux jazzman reprenant un standard, le merle commence à faire naître sa mélodie et à la dérouler.

Le merle est un grand adepte de la syntaxe. La majuscule s'efface sous le thème, les virgules insèrent des compléments de lieu ou de temps, avec de petites notes aiguës qui expriment sa position ou son mécontentement, tout en gardant la ligne directrice de sa longue phrase, son idée principale. Le plus proustien des oiseaux, capable des plus longues phrases de la nature, sans jamais décrocher, posant toujours délicatement son fameux point final – la note de fin, une des caractéristiques de son chant, qui me plonge dans la fameuse dictée de mon école lorsque l'instituteur prononçait : « Point finaaaaaal ! »

Je ne sais toujours pas comment j'ai pu assimiler cette structure complexe, comment d'un souffle, si jeune, j'ai pu imiter le plus virtuose des Turdidés. Mais ce chant premier a laissé une trace indélébile dans ma façon d'aborder l'art, et d'exprimer le chant d'oiseaux. Comme n'importe quel artisan, une fois la technique maîtrisée, le chanteur peut donner libre cours à la liberté et à la création.

Mon chant s'élève enfin dans l'habitacle de la 2 CV ; mon père sursaute, mon frère s'extasie et ma mère freine immédiatement, s'arrête sur le bord de la route. Nous voilà descendus de la voiture dans un champ de luzerne, entre Noyelles-sur-Mer et Sailly-Flibeaucourt. Ils m'entourent et m'observent comme une bête curieuse. Je n'aurais jamais imaginé qu'un simple chant de merle noir aurait le pouvoir d'arrêter le convoi dominical. Je saisis l'énormité de la situation, car même nos varicelles de l'année dernière et la grippe horrible de mon père n'avaient pu empêcher ces rendez-vous hebdomadaires. Mon père se met à marcher autour de moi et à voix haute, sans prévenir, s'écrie : « Canard siffleur ! »

S'ensuit un long silence. Il reprend, plus interrogatif : « Canard siffleur ? » en s'approchant de moi. Je comprends soudain devant ses yeux froncés ce qu'il désire. Dans un élan, poussé par les regards de toute la famille, j'étends les bras, je pose une fois de plus les doigts sur mes lèvres, et tout en prenant une grande inspiration je lance le *ouuuwwwiiiiiouuuuu* du mâle. Tout le monde recule d'un mètre, impressionné par la bourrasque que je viens de créer. Mon père s'exclame : « Comment y fait *ch'ooooiiiiigne* ! Oh la *oigne* ! Tu as entendu ? » demande-t-il à ma mère, « Vous avez vu ? » dit-il à mon frère. Entendu et vu, j'en suis sûr, ils sont ébahis. La *oigne* est le nom du canard siffleur, l'emblème de la baie de Somme, imiter la *oigne*, c'est être des leurs, c'est une sorte de code pour se reconnaître entre gens de la baie de Somme.

Je comprends que mon père me regarde déjà comme un trophée, alors que le reste de ma famille m'observe étrangement. Il reprend avec un léger sourire et assène les noms d'oiseaux comme un défi : Huîtrier pie ? Chevalier gambette ? Chevalier guignette ? Je m'exécute avec une facilité désarmante. Je reconnais là mon père, qui s'improvise en maître de cérémonie, le spectacle est grandiose et c'est avec malice qu'il énumère ces oiseaux dissyllabiques et très peu virtuoses, comme des tours de chauffe avant d'annoncer le grand numéro. Il continue : Gravelot ? Pluvier doré ? Pluvier argenté ? Et le voilà reparti avec les Anatidés : Sarcelle d'hiver ? J'ose rétorquer : « Mâle ou femelle ? » Mais je comprends vite que je ne dois pas interrompre le déroulement de l'audition. Il enchaîne avec le canard pilet… Cette liste d'oiseaux, je la connais par cœur, je l'ai entendue depuis tout petit à travers les récits familiaux, lors des grandes tablées du Nouvel An. Puis la description, le détail du son de chaque espèce me sont parvenus, distillés goutte à goutte lors des leçons avec Jean.

En faisant ce résumé, je suis surpris de cette liste d'une cinquantaine d'espèces d'oiseaux, aux chants appris et exécutés comme si je respirais chacun d'eux. Ils m'apparaissent chaque fois dessinés au crayon sur mes feuilles Canson, posés sur une mare pour les uns, accouplés pour d'autres, ou même en vol. À chaque espèce une posture, une action, un imaginaire. Que mange-t-il ? Avec qui est-il ? Que raconte-t-il ? Deux gestes s'associent en moi : le dessin qui les sculpte depuis mon jeune âge, le chant pour leur donner vie en un instant.

« Miaule ? » La voix de mon père me tire soudain de mon catalogue d'oiseaux improvisé. Que veut-il dire par là ? J'attendais avec impatience le nom du merle noir qui m'aurait inscrit au panthéon aviaire. Pourquoi me demande-t-il la miaule ? Mon père reprend sèchement : « Goéland, si tu préfères. » J'avais bien compris, je savais pertinemment que « miaule » signifiait « goéland » en picard, mais cet oiseau ne siffle pas, il crie, d'une part, et d'autre part il n'intéresse pas les gens de la baie. À cet instant, ma voix va s'élever contre mon maître. Ma réponse est nette : « Je ne peux pas, c'est l'oiseau de Jean. » En un instant, la déception se lit dans les yeux de mon père. Après quelques secondes de silence, il rétorque que ce n'est pas l'oiseau du fils Boucault et, regardant droit dans les yeux ma mère et le reste de la famille, défiant ceux qui feraient obstacle au talent de son fils prodige, il ajoute que les Rasse ont côtoyé les oiseaux depuis toujours.

Ainsi, Jean est devenu « le fils Boucault ». Il a perdu son prénom au moment même où j'ai posé les doigts sur mes lèvres. Je crains alors de le voir revenir à la maison pour ses leçons, souriant, en quête de nouveaux sons et de nouveaux défis. J'ai peur de voir la fierté de mon père écraser la bienveillance d'un enfant qui a cru appartenir à notre famille. Je comprends qu'en clamant haut et fort le nom de Boucault mon père avait dressé une barrière entre nous. Moi, qui ne demandait rien d'autre que de sentir l'amour d'un père.

Le trophée

Dans le café Chupin, en face de la gare de Noyelles-sur-Mer, à travers la lumière tamisée par la fumée des Gitanes Maïs, mon père est assis sur une chaise haute et raconte sa dernière anecdote de la baie de Somme sous les yeux d'un public qui boit ses paroles. Une vingtaine de personnes qui ponctuent, parlent, discutent, échangent et s'emportent. Des tournées sont commandées et offertes aux uns et aux autres. La tension, palpable, redescend aussitôt qu'un verre est vidé.

Noyé dans le brouhaha ambiant, j'ai trouvé un peu de calme sous le flipper qui émet quelques secousses pour m'inviter à jouer. Toutefois la partie de 8 américain proposée par le fils du cafetier m'intéresse davantage que ce vieux flipper. Installés dessous, entre rires, tricherie et gages, seule la victoire compte : le capharnaüm a disparu et notre jeu de cartes est bien plus important que le reste du monde.

Au moment de poser ma dernière carte et de gagner enfin une partie, j'entends distinctement

« Johnny ! ». Je crois reconnaître la voix de mon père mais elle est un peu différente, moins ferme qu'à son habitude. Abandonnant ma carte sous le flipper, je m'extirpe difficilement de ma grotte improvisée. Je ne vois que des bottes et des treillis verts maculés de glaise. En l'espace de quelques parties de cartes, le bar s'est rempli et il est plein comme un œuf. Parmi cette foule de jambes, je ne trouve pas celles de mon père. Une odeur sauvage et âcre s'est emparée du bar, l'ambiance est différente, on se croirait dans un marché bondé.

Mon père, au fond, me fait signe d'approcher. Il est avec quelques amis que je ne connais pas et m'adresse la parole comme si j'étais un adulte : « Tu peux siffler pour mes copains ? C'est ton père qui le demande. » La phrase est très étrange, car en temps normal il n'emploie pas le mot « copain », et même la formule « c'est ton père qui le demande » me semble inappropriée… puisqu'il est lui-même mon père.

L'étrangeté de la situation me pousse à obtempérer. Dans les vapeurs d'alcool et les odeurs de cigarette, je prends une grande inspiration, je pose les doigts sur mes lèvres et j'exécute, comme la veille face à ma famille, le chant du merle noir. À la première note, comme si le brouillard s'était dissipé, les discussions s'arrêtent net, tous les gens du café de Noyelles-sur-Mer me dévisagent, me scrutent en silence, attendant la suite. L'attention est totale, je les sens accrochés à ma respiration. Je finis par le cri de fuite du merle, comme pour clore ma mélodie. J'attends, tandis qu'un silence de plusieurs secondes s'installe. Je suis prêt à parler, à m'excuser d'avoir interrompu tous ces gens. Il est vrai que je ne devais siffler que pour les « copains » de mon père, mais il est impossible d'atteindre la virtuosité du merle sans une certaine puissance. Gêné, j'esquisse un sourire à cet étrange public, lorsque j'entends : « Magnifique ! » Aussitôt, un tonnerre d'applaudissements sans fin explose. Mon père m'attrape, me serre fort dans les bras, comme un trophée, il me trimbale de table en table. Les questions se bousculent : « C'est qui ? » « *Ches ton gamin ?* » « *I foes aussi ches corlus* » « *Incroyabe* ». Toutes ces réflexions en patois picard me plongent dans un torrent de compliments, et chacun me glisse une pièce ou un billet au creux de la main. Mon père, devant ce succès, me murmure doucement : « T'en feras ton métier. »

Folie passagère due à l'alcool ou clairvoyance soudaine ? Quoi qu'il en soit, impossible à cet instant d'imaginer dans ma tête d'enfant que parler oiseau puisse devenir un métier – je n'ai aucune envie d'être traducteur d'oiseaux ou interprète d'oiseaux ou tout autre invention de ce genre, ni même un enfant faisant la tournée des bars pour récolter son salaire ! Imitateur d'oiseaux, ça n'existe pas, et ce n'est pas un métier. Lorsque j'arrive à la dernière table, un petit vieux avec une casquette et une cigarette roulée éteinte à la bouche interpelle mon père : « Hé, *tcho* Rasse ! » Mon père se retourne aussitôt. « *Ches tin fiu ?* » demande le vieil homme.

« Oui, oui, c'est mon gamin.

– *Ches un bon, mais cha ne vaut point min frère Zorro.* »

D'un geste vif, mon père me demande de m'éloigner. S'ensuit une discussion sans fin entre lui et le vieil homme à la cigarette éteinte. Je m'éclipse en me demandant qui peut bien être ce fameux Zorro, et pourquoi je ne vaux pas Zorro. L'omerta tombera sur ce moment : la pluie de compliments de mon père, l'histoire racontée bon nombre de fois à la famille, aux oncles et aux tantes enverront l'anecdote de l'homme à la cigarette éteinte aux oubliettes. À chaque repas de famille, avec chaque nouvelle connaissance, je serai de nouveau l'enfant qui parle oiseau et qui, en un instant, transforme le salon en une forêt immense ou en un bord de mer infini.

La déclaration de guerre

Le retour de Jean à la maison se fait très naturellement. Au moment de son arrivée, mon père me fait descendre de mon perchoir – quelques marches. J'exécute à sa demande le chant du courlis cendré. Jean n'a pas l'air surpris ; sans une once de jalousie, il acquiesce, sourit – à croire qu'il savait déjà ce dont j'étais capable – et répond avec sagesse :

« C'est super, il faut l'inscrire au concours, il va gagner ! Je crois que vous avez les papiers d'inscription. »

La réponse cinglante de mon père ne tarde pas : « Bien sûr qu'il est inscrit, sa mère a déjà envoyé les papiers. »

Nous sommes huit mois avant le concours, une semaine seulement s'est écoulée entre la révélation de la voiture et la venue de Jean, et je suis déjà inscrit au concours d'Abbeville ! Sans même savoir quels oiseaux je veux imiter, alors que le concours demande aux participants de fournir une liste de trois oiseaux… Mon père et ma mère, sans me consulter, en ont décidé : le courlis cendré, le chevalier gambette et le merle noir sont les trois élus de la liste qui ne m'a même pas été communiquée…

Pourtant, lorsque Jean ose demander quels seront les oiseaux imités par mes soins lors du concours, mon père répond avec fermeté : « Ce sera le courlis cendré car il ne sait faire que ça pour l'instant. »

Mon père enchaîne très vite sur la leçon du jour, qui va se révéler moins riche et beaucoup plus imprécise que d'habitude. En effet, il n'évoque plus le chant des oiseaux, mais plutôt leurs plumages, leurs couleurs… Évidemment, Jean sent que quelque chose a changé. Pour la première fois, il décide de partir de lui-même et ne reviendra que de rares fois pour passer un petit bonjour. Dès que la porte se referme sur ses pas, mon père s'empresse de me faire répéter ce courlis et ce chevalier, pour finir avec le merle noir. Je m'arrête d'un coup, et lui demande : « Pourquoi lui as-tu dit que je ne savais faire que le courlis cendré ? » La réponse tombe comme un couperet : « Jean ne doit pas savoir ce que tu sais faire, tu siffles bien mieux que lui et on va le battre. »

La guerre est déclarée, ce sera le merle noir de Johnny Rasse face au goéland argenté de Jean Boucault. Deux styles si différents ! Le premier chante des mélopées à la cime des arbres comme un barde à la lyre divine, le second est un Ulysse criant ses exploits au retour de son long voyage. L'un siffle, l'autre crie. Mais les deux enfants imitent. Choisir reste à mes yeux impossible. L'enfant étendant les bras dans ma cuisine, l'enfant devenu goéland en un clin d'œil est au-delà de l'imitation, il est chaman sans le savoir, il est goéland des pieds à la tête. L'autre, dans l'ombre, à l'écoute de la forêt, l'enfant baigné de l'univers des oiseaux depuis sa naissance, qui possède des notes sifflées arrêtant le temps des hommes et surtout celui de son père, est un enfant-oiseau, un lien entre la musique de la nature et le monde des hommes.

Après des heures et des mois de répétitions dans la cuisine de la maison Rasse, mon chant de merle s'est étoffé. Ma virtuosité est absolue, je peux même exécuter des envolées plus lyriques et plus trillées que l'oiseau lui-même. Mon chant charme quiconque est de passage chez moi, les voisins, mes oncles ou mes grands-parents. Toujours à la baguette, mon père, devenu maître de chant, me fait travailler de nouveaux sons et m'incite à parcourir de nouveaux territoires. Les grives viennent enjoliver mon répertoire, ainsi qu'un petit oiseau à la gorge rouge.

Je me suis rendu compte que le rouge-gorge était un adepte de la communication. Je reste plusieurs heures à l'écouter et à discuter avec lui. Mes mercredis hivernaux sont perlés du chant du rouge-gorge, et je n'oublie jamais de restituer ma nouvelle trouvaille dans la cuisine le soir même. Pour mon père, c'est une occasion supplémentaire de me présenter devant mes oncles, mes tantes et mes grands-parents. Je découvre grâce à ce petit oiseau les aigus puissants des passereaux des jardins comme le troglodyte mignon, qui, avec son rapport poids-puissance de chant, possède le meilleur profil. Hélas, la cadence imposée par ce petit oiseau gris à la queue retroussée est trop rapide pour moi. Je suis vaincu par le maître des haies.

Notre rouge-gorge ne démérite pas par la puissance. Il est un soupçon plus charnu et, lorsqu'il se dresse sur ses deux pattes fines comme des allumettes, le son qui sort de son bec grand ouvert perce les cieux gris de l'hiver. Il lance des flèches sonores, et gare à celui qui les reçoit. Le petit Cupidon à l'allure mignonne harponne quiconque franchit la frontière de son territoire ; belliqueux et téméraire, un rien batailleur, il est capable malgré sa petite taille d'une grande férocité face à un autre mâle. Les premiers sons lancés, il démarre enfin sa mélodie faite de notes perlées qui tombent du ciel, ne mettant jamais de point à aucune de ses phrases.

Le rouge-gorge semble être un adepte des alexandrins. Il respecte toujours une sorte de métrique marquée par une petite césure, au cœur de sa mélopée, qui rappelle les hémistiches de l'art de la déclamation.

Noms d'oiseaux

Il existe un peu plus de 10 000 espèces d'oiseaux. Et comme tous les êtres vivants ils sont affublés d'un nom de genre commençant par une majuscule, suivi du nom de l'espèce en minuscules, le tout en latin et en italiques. C'est la taxinomie binominale inventée par le naturaliste suédois Carl von Linné, au XVIIIe siècle.

« Non, ça n'est pas possible ! *Meleagris*, c'est la dinde ! » Je n'en démords pas.

Dans la version latine que nous étudions, il est question de Romains qui se délectent d'un banquet de *meleagris*. Or *meleagris*, le seul mot que je sais traduire dans le texte, c'est la dinde. Et, malgré l'image qui figure à côté du texte, il est invraisemblable qu'on serve des dindes à cette époque. La dinde n'arrive sur les tables d'Europe qu'une centaine d'années après le voyage de Christophe Colomb, qui les ramène du Mexique. Je proclame que le texte que nous étudions est un tissu de mensonges et que les livres pourraient quand même éviter les anachronismes. Devant mes remarques, le professeur passe par toutes les couleurs. J'ai l'impression de voir un dindon qui vient de perdre une joute contre un rival : ses caroncules rouge vif se dégonflent et se décolorent jusqu'à un gris bleu argenté, la couleur de l'effroi.

Au fond de la classe, un homme assis, impassible, prend des notes. C'est le jour de l'inspection académique, et à chacune de mes prises de parole le professeur de langues mortes préférerait visiblement rejoindre le mausolée de ses langues… Je n'ai plus aucun souvenir de la suite du cours mais la semaine suivante, à peine entré dans la salle, je suis interpellé par un « Boucault ! Vous viendrez me voir à la fin du cours ! » qui n'augure rien de bon.

Pourtant, c'est un professeur réjoui qui m'attend. L'inspecteur, me dit-il, a apprécié le dialogue sur l'invraisemblance du texte et le débat qui s'est instauré dans la classe. Face à un texte en latin, l'élève doit garder son esprit critique. Grâce à moi, il a eu la plus haute note, un 20, et avec ce 20 il pourra gravir les échelons. Bref, quoi que j'écrive cette année-là, quoi que je conjugue, en haut de mes interros un joli 20 en rouge se retrouvera systématiquement inscrit.

Je n'ai jamais osé le lui dire, mais le texte faisait certainement allusion à *Numidia meleagris*, la pintade de Numidie, dont le berceau est la savane d'Afrique et que les Romains mangeaient déjà, et non à *Meleagris gallopavo*, la poule d'Inde. Dans mon empressement, j'avais sauté sur le nom de genre et pas sur celui de l'espèce. L'année suivante, le représentant d'*Homo sapiens* qui me rendait les copies n'était plus le même et me jeta un 4/20 en criant crescendo : « *Malus, Malus, Malus* » avec une majuscule. J'arrêtai donc vite le latin. D'ailleurs, pour l'ornithologie, mieux vaut aller voir chez les Grecs. Le latin des noms d'oiseaux provient dans la majorité des cas du grec ancien latinisé. Parmi mes noms latins préférés, il y a *Caprimulgus*, les engoulevents. Leur nom dérive de *capri*, « la chèvre », et de *mulgus*, « téter ». Un peu mystérieux, pour un chasseur de papillons de nuit à plumes…

Si les oiseaux ont un nom, les côtoyer quotidiennement permet de reconnaître un individu au sein de l'espèce. C'est ce qui se passe chaque année lorsque la première hirondelle mâle revient au printemps nicher dans les toilettes de mon ami Jérôme, que la mésange à la patte atrophiée ou au chant aberrant revient dans le jardin. C'est celle-là et aucune autre… Les blessures, les handicaps et les aberrations de plumage permettent de reconnaître les individus avec une relative facilité. Pour le comportement, c'est plus compliqué, car d'une année à l'autre, en fonction de l'état hormonal, il peut être fluctuant. Ainsi, un merle dominant peut se retrouver l'année suivante, sous l'effet de quelque parasite, en bas de l'échelle hiérarchique des merles du jardin. Cette recherche d'individualisation est un besoin pour l'ornithologue. Autrefois, les moines d'un couvent marquaient les hirondelles avec de petits brins de laine colorée pour les reconnaître à leur retour. Et, en 1900, l'instituteur Cornelius Mortensen est le premier à suivre des étourneaux sansonnets *Sturnus vulgaris*, qu'il identifie en inscrivant le nom de son village du Danemark sur un anneau d'aluminium placé à l'une de leurs pattes. Le baguage était né. Aujourd'hui, les muséums confèrent à chaque oiseau bagué un matricule et une fiche de données complète et individuelle contenant les mensurations, le sexe, le niveau d'adiposité[1] et l'état du plumage.

La miniaturisation des balises de géolocalisation a permis de répondre aux fantasmes de l'ornithologue : mais où sont-ils en ce moment ? Le 15 février, le coucou gris *Cuculus canorus* répondant au code de « Pj », bagué en Angleterre, commence, sur la carte du monde, à remonter par petits sauts la forêt équatoriale. Puis, en mercenaire, il traverse d'une traite le Sahara, l'Atlas et la Méditerranée début avril et atterrit en Espagne. Le 20 avril, il se pose dans le sud de la France et trois jours après chante à quelques kilomètres du nid qui l'a vu naître dans le Suffolk.

Pj est suivi depuis six ans, un record, par le British Trust for Ornithology, et il va peut-être nous éclairer sur les zones dangereuses qui font que plus de la moitié de ses congénères ont disparu depuis une quinzaine d'années, emportant à tout jamais avec eux la bande sonore du printemps.

1. Cet état des réserves de graisse indique la ressource disponible pour un vol migratoire ou pour passer l'hiver.

Le fameux jour

Ce matin, j'entends l'eau de la baignoire couler et je sens l'odeur du bain moussant me caresser les narines. Je suis encore allongé sur mon lit, mais tout le monde s'affaire déjà à être le plus élégant possible. Nouveau tee-shirt, nouvelles baskets, chacun des membres de ma famille est sur son trente-et-un. Ma mère vient me glisser que je dois passer illico à la salle de bains, sans petit déjeuner. Mon père porte ce qu'il considère comme l'équivalent d'un costume trois-pièces : un jogging-baskets d'une grande marque de sport, sans doute un reste de ses années footballistiques. Ma mère a mis les boucles d'oreilles offertes à Noël.

Le fameux jour est arrivé. J'ai rendez-vous à 18 heures au grand hôtel de France, avec tous les oiseaux migrateurs du pays. Durant le trajet en voiture, mon père me fait inlassablement exécuter mon merle noir, mon courlis cendré et mon chevalier gambette. Mon frère et ma sœur finissent par se boucher les oreilles et tentent de me faire taire avec des grimaces.

Ma mère me répète que je dois être poli et parler en articulant. Le présentateur de la soirée n'est autre que le grand journaliste Pierre Bonte. Ce nom m'est inconnu. Plus nous approchons, plus je suis pris dans une avalanche de conseils, de remarques, d'avis, sur le déroulé de cette soirée qui semble, aux yeux de ma famille, être la plus importante qui soit. Tout le monde sera dans la salle : mes oncles, mes grands-parents, mon parrain, ma marraine, mes voisins, mon instituteur, mon village… Tout le monde, et bien sûr mon frère et ma sœur, qui vont me tirer la langue depuis le public. Il est 17 h 45, nous arrivons enfin au parking de la place Clemenceau à Abbeville.

L'immense et luxueux hôtel apparaît devant nous, sa devanture en verre brille comme un miroir. L'alouette que je suis approche de l'entrée. Le reflet déformant de la façade me grandit. J'apparais immense, plus sûr de moi. Une dame assez âgée avec un grand chapeau à plumes sort et me lance droit dans les yeux un « Bonjour, jeune homme ! » Je soutiens son regard en même temps que je suis frappé par une anomalie dans le bouquet de plumes de faisan doré posé sur sa tête : deux plumes de faisan commun se sont glissées parmi les autres. Mais je n'ai pas le temps de la prévenir et je lui réponds d'un « Bonjour, madame » ferme et distinct, m'exerçant à articuler.

À l'intérieur, il y a de la moquette couleur crème au sol et le comptoir situé à une dizaine de mètres de l'entrée est haut, bien trop haut pour un petit garçon de neuf ans. Heureusement, une hôtesse s'approche de moi avant que j'atteigne le comptoir : « Vous désirez ? »

Le vouvoiement employé par cette jeune femme en talons aiguilles me grandit de nouveau, le comptoir s'est aplani et il ne m'apparaît plus que comme un petit talus à franchir.

« Je suis ici pour le concours d'imitation.

– Vous êtes ?

– Johnny Rasse. »

C'est la première fois que mon nom et mon prénom résonnent de la sorte, et qu'aucune remarque n'est faite sur ce fameux prénom, d'habitude tant raillé.

« Très bien, suivez-moi, vous êtes attendu. »

Ces mots, « vous êtes attendu », prononcés par une inconnue à l'hôtel de France d'Abbeville, vont marquer à jamais mon esprit. Comment peut-on attendre un enfant de dix ans, répondant au nom de Johnny Rasse, dans un lieu si vaste et si solennel ?

J'entre dans une grande salle comme on en voit dans les séminaires. Quelques groupes de trois ou quatre personnes discutent avec enthousiasme, rient et s'exclament. Assis sur une chaise au centre de la pièce, un homme se distingue ; il ressemble aux publicités pour les Kinder Surprise, sorte d'idéal américain à la coiffure parfaite, aux dents plus blanches que sa chemise et au costume taillé sur mesure. Il me fixe du regard, tel un rapace face à sa proie. Je me fige devant lui. D'une voix parfaitement placée, cet aigle royal me lance : « Bonjour, Johnny !

Je suis M. Désérable, le directeur du Festival de l'oiseau d'Abbeville. Nous allons pouvoir faire le tirage au sort. » Il me tend un stylo orné du symbole du festival, une tête de fou de Bassan, et me dit : « Tu peux signer en bas de la feuille. »

Tous les âges sont représentés, des jeunes, de jeunes adultes, des quarantenaires et même quelques personnes âgées. Le directeur demande une main innocente pour le tirage au sort. On se met rapidement d'accord pour dire que c'est au plus jeune de procéder au tirage. Les visages s'éclairent et tous s'accordent sur un même prénom : c'est à Jean que revient cet honneur. Car Jean était là et je ne l'avais pas vu. Il surgit et s'avance vers le chapeau, mais la voix de l'aigle royal s'élève : « Non, Jean, ce n'est pas toi le plus jeune, cette année c'est Johnny Rasse. »

Chacun s'étonne de ma taille et de mon visage d'ange, plus encore lorsque Jean me salue familièrement. J'entends les uns et les autres lui demander si nous nous connaissons – je ne sais pas ce qu'il leur répond mais je sens qu'on m'observe, comme si un mystère, voire une crainte, m'entourait.

Avant le tirage au sort, l'aigle Désérable décide de nous rappeler le règlement. Nous imiterons chacun notre tour les chants d'oiseaux que nous avons choisis, pour une durée d'une à deux minutes. Un micro sera disposé devant nous au centre de la scène et aucun nom de candidat ne sera annoncé car cette année c'est un concours « à l'aveugle », avec un jury de spécialistes caché à l'arrière de la scène, composé de vidéastes animaliers, d'ornithologues et de naturalistes. Nous n'enchaînerons pas nos trois prestations, mais aurons chacun un passage par chant proposé. Le public n'a pas le droit d'applaudir, c'est interdit, au risque de disqualifier le chanteur. Le jury ne doit pas être influencé.

Drôle d'idée que d'inviter un public tout en le priant de ne pas manifester son émotion face à la beauté d'un chant d'oiseau !

« Fauquemberg... Caubet... Norel... Leroy... Plé »... Rasse enfin et Boucault. Je serai le onzième à passer, Jean le quinzième. Il vient me glisser que j'ai fait un bon tirage au sort, le pire étant de chanter en premier.

Nous passons au dîner. La carte qui annonce les mets porte le titre assez cocasse de « Retour de chasse ». Le ton est donné : les chasseurs sont venus en force.

Il n'y en a que pour le gibier d'eau : limicoles, huîtriers pies, chevaliers gambettes et canards siffleurs. Ils ont presque tous la quarantaine et sont vêtus de kaki, veste huilée ou simple tricot en laine selon leur lieu d'habitation, trahissant la différence sociale notoire entre « ceux du Crotoy » et « ceux de Saint-Valery-sur-Somme ». La légende veut que la ville de Saint-Valery ait été le théâtre de riches échanges commerciaux, grâce à son port où débarquaient de nombreux bateaux et au canal de la Somme d'où partaient des péniches chargées de marchandises, tandis que la ville du Crotoy, plus sauvage, nourrissait plutôt son homme du fruit laissé par la mer – les coques. Ce soir, la rivalité est palpable : quel imitateur, digne représentant de saint Hubert, le patron des chasseurs, raflera le graal ?

Le magret clôture ces longs contes de chasse dignes des nouvelles de Maupassant. Je ne dis mot, et Jean observe aussi attentivement que moi ce spectacle étrange. À ma droite Fouquemberg, avec son profil de mâle siffleur, qui sort la tête de son cou chaque fois qu'il siffle ; en face de moi Plé, qui a le nez plus pointu qu'un courlis cendré ; Norel et son chevalier gambette si puissant qu'il m'oblige à me boucher une oreille de peur d'en perdre mes tympans fragiles. Dans un échange de regards, Jean et moi savons qu'aucun d'entre eux ne peut rivaliser avec nos oiseaux fétiches. Nous avons toutes nos chances !

L'amour de la chasse ne devrait pas être la seule motivation pour imiter un oiseau. Pourquoi n'imiter que les espèces chassables ? Elles ne sont généralement pas les plus virtuoses. Et pourquoi ne rechercher que les chants « efficaces », ceux qui ont pour seul but d'attirer l'oiseau au plus près ? Le cri d'alarme d'une avocette possède pourtant l'une des plus belles notes flûtées de nos marais. Je n'imagine pas un chasseur imiter parfaitement le goéland argenté. Il se ferait aussitôt railler par ses camarades. Et que dire du rossignol philomèle…

Le regard des enfants que nous étions nous a permis de saisir la beauté intrinsèque de la virtuosité d'un chant d'oiseau. C'est grâce à notre naïveté et à notre pureté enfantines qu'un geste est né pour célébrer cette nature, un geste travaillé et façonné chaque jour dans l'unique but de devenir chant d'oiseau. Sans aucune autre pensée, sans recherche d'un autre résultat, simplement avec un regard rempli d'amour.

Le repas terminé, un journaliste de la télévision interroge quelques participants. Je m'aperçois qu'il ne cherche pas le meilleur imitateur mais plutôt le plus ridicule, celui qui fera le dindon ou la poule, ou aura l'accent régional le plus prononcé. Le fait que je sois le plus jeune est aussi l'attraction, mais je refuse les interviews. Je ne veux pas dévoiler ce que je chéris le plus.

Il est l'heure de partir pour le théâtre. Notre cortège s'ébranle, défilant dans les rues d'Abbeville. Aussitôt qu'un des concurrents lance une imitation, les autres lui répondent dans une cacophonie sans nom, les Basques imitant leurs palombes et les Picards leurs canards ou leurs limicoles. La bande de joyeux siffleurs attire vite. Les curieux s'agglutinent autour de nous, rient et se moquent.

Soudain, à quelques mètres du théâtre, le groupe s'arrête net devant un marronnier qui trône dans la cour d'une maison de maître en briques. Là un merle noir chante, faisant immédiatement taire cette parade ridicule. Plus personne n'ose émettre un son. Émerveillés, tous s'accordent : le chant de cet oiseau est à nul autre pareil, et personne ne pourra jamais l'imiter. Les notes flûtées leur tombent sur la tête et les ramènent un instant à ce qu'ils sont, de pâles usurpateurs bientôt perdus au fond du théâtre municipal d'Abbeville.

Le bâtiment, de style italien, symbolise à lui seul la richesse disparue de la ville. Toutes les places sont prises, les notables du coin se mêlent aux supporters venus nous écouter.

Le rideau s'ouvre, un pupitre apparaît, un grand écran blanc de cinéma occupe le fond de la scène. Une multitude de couleurs s'y déverse, accompagnant la prestation d'un groupe de musique constitué de quelques cuivres jouant un pseudo-générique.

« Accueillons nos participants sous un tonnerre d'applaudissements ! » lance Pierre Bonte, soutenu par l'enthousiasme de la foule. J'avance derrière Jean sur le petit escalier de bois, au cœur de cette ribambelle d'hommes-oiseaux – je vois des visages devenus pâles, des regards terrifiés, des gorges serrées et des lèvres sèches ; comme elle est loin, la faconde du repas du soir ! Pierre Bonte croise mon regard d'enfant et commente d'une voix douce, sortie tout droit de « L'École des fans » : « Je vois qu'il y a vraiment des très jeunes ce soir ! »

Un micro sur pied est placé au centre de la scène. Le présentateur interroge chaque candidat : quel est notre nom, notre prénom, notre âge, dans quelle ville vivons-nous ? Quelques cocasseries s'échappent, des rires fusent. Bon nombre de candidats sont issus de la baie de Somme, de la baie d'Authie, de la baie du Mont-Saint-Michel, certains du sud de la France, entre les Landes et les Pyrénées. Les accents variés enchantent la salle. Une fois la dernière présentation faite, Pierre Bonte annonce officiellement le lancement du concours. Dès lors, dit-il, nous n'entendrons que le numéro du candidat et l'oiseau qu'il imitera, tandis que le nom de l'oiseau apparaîtra sur l'écran derrière nous. Les lumières se tamisent et l'ambiance bascule d'un coup. Grave et solennelle, la voix du présentateur annonce :

« Je demande au candidat numéro 1 d'avancer face au micro. »

M. Fauquemberg, digne représentant de la baie de Somme, pas très grand et assez trapu, se présente. Il n'en mène pas large mais se permet un petit signe de la main pour saluer sa famille, qui répond par quelques cris d'encouragement. Il est tout de suite interrompu par le présentateur qui menace de l'exclure sur-le-champ. Assagi, face au micro, il lance son imitation d'un canard siffleur mâle. Très digne pendant les dix premières secondes, il ne peut ensuite s'empêcher de l'incarner et sort la tête de ses épaules comme un petit diable en boîte. Le son est dans la bonne tessiture mais il est parasité par l'air qui s'échappe de ses lèvres, un défaut amplifié par le micro. Il s'aventure à imiter la femelle et s'avachit sur ses jambes afin d'illustrer la soumission de la femelle face au mâle. Repassant de la femelle au mâle et inversement, il exécute le spectacle de la parade d'un couple jusqu'au râle caractéristique de la cane, de plus en plus incarnée et de plus en plus proche de la scène finale, sous les acclamations d'un public hilare. Pierre Bonte arrête la scène qui ne doit pas excéder une minute, et reprend le candidat qui ne doit pas chercher à influencer le public.

Le candidat numéro 2 est un jeune homme originaire du Crotoy. Il a seize ans et se nomme Johnny Marseille. Il est très timide et le quiproquo sur son nom et sa ville de naissance a laissé place à une scène déjà très cocasse lors des présentations. « Vous êtes Johnny Marseille et vous habitez au Crotoy, c'est à n'y rien comprendre ! » Ce drôle de candidat s'avance vers le micro de façon nonchalante, ses longs bras pendouillant le long du corps. Le pauvre ne possède pas une grande technique et siffle de la manière la plus simple. Hélas, sous le stress et la pression, ses lèvres asséchées ne parviennent à sortir qu'un filet d'air. Je pense alors au courage qu'il lui faut pour oser se présenter face à un public et imiter un oiseau, et à la manière dont sa timidité est transcendée par la possibilité de devenir, un instant, autre chose.

Le numéro 3 est un habitant de la baie d'Authie. Il utilise la technique des doigts et possède un sifflet puissant, encore amplifié par le micro. Il imite l'huîtrier pie, un limicole noir et blanc au bec orange nommé « pie de mer » chez nous, déclamant un son dissyllabique assez simple, une note grave et une note plus aiguë, *to-ti, to-ti, to-ti.* L'imitation est correcte mais, trop monocorde, elle ne reflète pas la virtuosité de ce bel oiseau. De plus le candidat, qui utilise une main pour siffler, positionne l'index et l'annulaire dans la bouche, son majeur dressé vers le haut, c'est-à-dire qu'en même temps qu'il siffle il fait un doigt d'honneur à son public – drôle de situation qui en fait pouffer de rire plus d'un.

Le candidat suivant vient du Mont-Saint-Michel. Son imitation du courlis cendré est réussie et le son est assez fort, mais le micro, trop proche de sa bouche, trahit un bruit parasite du fond de gorge, comme si une autre voix voulait sortir pour enfin parler. Malheureusement pour lui, un oiseau ne produit jamais aucun bruit de gorge, puisque la syrinx, qui est l'organe vocal des oiseaux, ne ressemble pas du tout à notre pharynx. L'appareil respiratoire des oiseaux diffère de celui des humains. L'oiseau est comme un ballon de baudruche rempli d'air, capable des plus grandes figures acrobatiques sonores grâce à la flûte cachée dans son gosier, ladite syrinx, sorte de muse inatteignable pour les hommes-oiseaux que nous sommes, dont seuls quelques-uns arriveront peut-être à s'approcher.

Tour à tour les candidats défilent derrière le micro, chacun dans son style – certains souriants, d'autres tristes ou stressés, sifflant un air de leur coin. Puis un personnage à l'accent chantant venant tout droit des Landes imite un oiseau dont je ne connais pas le chant : la perdrix rouge. Notre candidat, qui ressemble à Charles Aznavour, place ses deux mains devant la bouche, face au micro, comme s'il jouait d'une trompette invisible. Dès le premier son, qui ressemble à une éructation bien assumée, le public éclate de rire. Il enchaîne avec une sorte de drôle de mélopée et finit en agitant le bassin dans une scène qui rend le public incontrôlable. Pierre Bonte, rouge de colère, essaie désespérément de calmer la foule. Puis c'est au tour d'un trentenaire assez charismatique, jambes un peu arquées. Il porte un pantalon en cuir et se présente au public comme un chanteur de rock. Il regarde le présentateur et lui fait un signe des bras, comme pour signifier de tout stopper. Pierre Bonte ne saisit pas et le candidat, ayant interdiction de parler sous peine d'exclusion, réitère son manège en montrant le micro. Le présentateur lui demande de s'approcher pour chuchoter sa demande, comprend enfin et s'exclame : « Ah ! Il ne veut pas de micro, il faut couper le micro ! » Son coupé, notre Elvis s'approche alors, jambes écartées, et se lance de toutes ses forces dans une imitation du chevalier gambette, réalisant le chant complet de ce limicole avec une telle force et une telle puissance que le public est soufflé. Le corps et la tête poussés en avant, tendu vers l'assemblée dans une générosité totale, il impose son charisme et sa présence. Sous la force du son, les spectateurs des premiers rangs se bouchent les oreilles face aux excès de cet oiseau rocker : quelle puissance !

Arrive le candidat qui me précède, le numéro 10. C'est la copie conforme du numéro 2, avec deux ans de plus : frère de Johnny Marseille, il a dix-huit ans et vient du Crotoy. S'approchant du micro, il effectue le chant du canard pilet, un canard produisant le même son que la sarcelle d'hiver imitée par son frère, mais en plus grave. Hélas, durant une minute aucun son ne parvient à sortir… La tête penchée de l'autre côté, comme un parfait miroir de son frère, il nous berce doucement.

C'est mon tour. Je suis si petit qu'un technicien doit baisser le pied du micro. Je ne vois rien, c'est extraordinaire d'imaginer qu'un millier de personnes vous regardent, sans pouvoir les distinguer. Étrangement, je ne ressens aucune pression. Pour moi, il est plus difficile de chanter dans la nature, avec l'humidité, le vent ou la pluie, qu'ici où nous sommes protégés. Quels juges pourraient être plus critiques que l'oiseau lui-même ? Je sais chanter devant un public, je le fais régulièrement lors des fêtes à la maison ou au café Chupin. Je place donc l'index et le majeur dans ma bouche, ménageant le meilleur équilibre entre la stabilité et la puissance. Je crée ainsi une sorte d'embouchure sur laquelle je poserai délicatement ma langue. Je me rappelle les conseils de mon père – « prendre le temps », « pas trop vite » – et surtout je me replonge dans l'humus de la forêt, où ce roi au costume sombre trône en haut des cimes. Le merle noir attend toujours la réponse d'un congénère ; pour une strophe de dix secondes, il en chantera cinq et, dans un silence profond, attendra une réponse durant les cinq autres secondes. Ce silence fait partie de son chant, il contient la profondeur des notes qui viennent se déposer sur notre âme.

Je m'imagine le vent printanier. Je suis à la cime d'un peuplier, bien ancré dans le sol, je lance mon chant. La petite réverbération installée dans le micro me surprend moi-même. L'apparition est immédiate :

en cinq secondes, les arbres, la terre noire du bosquet, les feuilles de l'hiver précédent et le petit vent printanier surgissent sur la scène, se matérialisent autour de moi. Les cinq secondes de silence laissent le paysage s'emparer de chaque spectateur, nous entrons tous ensemble dans ce temple de beauté.

Tout devient instantanément limpide. Un silence inédit depuis le début du concours se pose comme une légère brume des matins d'avril. À chaque phrase émise la forêt se déploie, se densifie, des arbres apparaissent, puis des fougères disparaissent. Bienvenue dans mon bosquet, laissez-vous subjuguer par le chant de cet oiseau capable de peindre un paysage. Soutenu par le silence du public, je me permets de faire bouger mon merle noir. M'éloignant du micro, passant de gauche à droite, je spatialise le son, en improvisant un cri de fuite glaçant. L'histoire se tisse devant le public suspendu, les spectateurs figés face à la détresse des cris, comme s'il était soudain possible de comprendre le langage de l'oiseau. Puisant dans une ancestrale mémoire, nous nous évadons ensemble, nous sommes tous en train de comprendre un langage universel dépassant les barrières séparant l'homme et l'animal.

Je m'arrête de moi-même, estimant les deux minutes terminées. Pierre Bonte, pour la première fois, a oublié de compter le temps. Je recule et soudain le silence est devenu sonore : un murmure submerge la salle et arrive jusqu'à mes pieds, traduisant le besoin de chacun de partager l'expérience qu'il vient de vivre avec son voisin.

De retour à ma place, Jean me regarde dans les yeux, me fait un clin d'œil et une tape sur l'épaule, comme pour me féliciter. Très vite, c'est à lui ; à peine est-il arrivé dans la lumière du projecteur que le même murmure s'élève : Jean n'a pas encore commencé son imitation que le public le reconnaît déjà. Sa réputation le précède et une grande popularité l'accompagne depuis le début de la soirée. Personne ne connaît son nom ni son prénom mais tout le monde le surnomme « la Mouette », grossière erreur puisque Jean est un goéland argenté.

Planté devant le micro, il attend quelques secondes que le silence se fasse. Lorsque ses bras se soulèvent légèrement, je ressens un frisson. De là où je suis, un léger courant d'air vient d'entrer dans la salle. À ce moment précis, je comprends qu'avant d'imiter son oiseau totem Jean invoque les vents du Nord qui, à la tombée de la nuit, portent les vols de goélands. Jean s'imagine goéland recouvert de plumes, attendant la bonne bourrasque pour décoller, et soudain le voilà lancé. Le premier cri qui part de son ventre se déploie en même temps que ses bras et transperce le théâtre d'Abbeville. Chaque cri est une flèche qui atteint l'âme du spectateur. Silence. Jean plane à côté du micro, les bras étendus, et c'est un nouveau déchirement qui se fait entendre comme des coups de tonnerre. Jean décide de jouer avec le vent, il miaule et se calme, les bras à demi écartés, il vole toujours face à nous.

J'avais assisté, médusé, à sa transformation dans ma cuisine, mais je n'avais jamais vu une telle transfiguration, impliquant les éléments eux-mêmes. La perfection du son nous transporte dans la violence des tempêtes du Nord. Il imite un oiseau qui déclame en vol, et ses va-et-vient devant le micro nous invitent à le suivre dans son voyage. Tout y est, la pluie, l'orage, la lutte, la clameur, l'espoir, l'accalmie, puis l'apparition d'un rayon de soleil qui perce le ciel nuageux et calme les rides d'une mer enfin apaisée. Jean s'éloigne alors et regagne sa place. Le public se lève et applaudit comme un seul homme. Pierre Bonte ne peut rien faire, la foule a décidé d'ovationner cet enfant chaman capable d'évoquer les esprits au-delà des mers. Je suis ému par cette ferveur soudaine, content de voir Jean heureux dans son jardin, son Festival de l'oiseau.

Le concours peut se poursuivre, mais il est bel et bien fini et les deux autres passages des concurrents n'y changeront rien, la mer affrontera la terre ce soir, les arbres de mon bosquet face à la tempête du Nord sous les cieux abbevillois. Pierre Bonte annonce la fin du concours et l'entracte, pour que le jury puisse enfin délibérer. Je veux voir mes parents au plus vite mais je n'arrive pas à les rejoindre, chacun dans le public m'arrête, me déclarant déjà vainqueur. Dans une rangée, je croise Jean. Il m'annonce avec un grand sourire que tout le monde lui dit qu'il est le gagnant. Je ne sais plus qui croire… Tête baissée, je m'enfonce dans la foule, espérant atteindre ma famille. Je vois enfin ma mère qui me fait un signe de la tête, elle me félicite et m'invite à monter au balcon, où mon père et mon frère sont partis boire un verre.

Assis sur une haute chaise de bar, accoudé au comptoir, mon frère sirote un soda. À côté de mon père qui boit un verre de vin. Ils sont entourés de plusieurs personnes que je ne connais pas. Je tape sur l'épaule de mon frère, quand une main me happe. C'est celle de mon père, qui veut à tout prix me présenter à ses amis d'un soir. Me voilà au milieu d'un groupe d'inconnus qui me bombardent de questions, me scrutent, se demandent si j'ai quelque chose dans la bouche… « Il est merveilleux, bravo, comment tu as commencé ? » Une dame enchaîne : « Quelqu'un t'a appris ? Tu es incroyable ! » Un autre ajoute : « Je me serais cru dans mon jardin ! » Je n'arrive pas à répondre, c'est mon père qui explique, il dit que je n'ai fait que le strict minimum ce soir, mais que je suis capable d'imiter beaucoup plus d'espèces. Le groupe qui m'entoure commence à être important, je suis l'attraction de l'entracte jusqu'au moment où une dame lance : « Qu'il est mignon ! » en me regardant comme un jouet… et juste avant de tourner les talons elle ajoute : « Mais le goéland est extraordinaire. » Tout le monde se met à jacasser, affirmant en effet que le goéland est incroyable aussi. Mon père met fin aux débats en expliquant que Jean vient régulièrement à la maison et qu'il est le professeur de ces deux enfants-oiseaux. Son public est captivé, chacun y va de son pronostic, mais une chose est sûre, le vainqueur, ce sera Jean ou moi.

Un bruit strident me déchire les oreilles : la sonnerie marque la fin de l'entracte. J'avance tant bien que mal avec mon père et mon frère à mes côtés. Soudain, depuis une banquette, un vieil homme interpelle mon père : « Hey ! Tcho Rasse ! » Mon père s'arrête et le salue, l'homme en profite pour m'agripper la main, me fixant de ses yeux d'un bleu si clair qu'ils me percent l'âme, et me lance : « Tu siffles bien, *t'cho*, mais *cha ne vaut point min frère,* Zorro ! » Je reconnais cette voix et cet homme, le café Chupin… Un frisson me traverse. Cet homme est en train de me provoquer car j'ai osé défier un dieu, son frère Zorro. Mal à l'aise, mon père me tire par le bras, me presse d'aller embrasser ma mère et de rejoindre mon siège. Je suis hanté par les yeux de cet homme, par la profondeur de sa voix basse et sévère. Mais qui est ce Zorro qui semble vivre caché et masqué, précédé par sa légende ? L'idée d'un duel entraîne mon esprit vers de sombres images, mon corps transpercé par l'épée de ce chevalier masqué, riant à gorge déployée sur son Tornado. Je ne peux croire qu'il existe, mais l'attitude de mon père ne présage rien de bon.

Face à face

Je retrouve sur scène deux nouveaux concurrents : Johnny, de deux ans mon cadet, et un dénommé Sébastien, venu de la proche baie d'Authie pour tout casser. Choucas ne s'est pas présenté. Il y a aussi quelques concurrents débarqués du sud-ouest de la France, avec leur accent dans les bagages. La remise des prix, où résonnent les voix des anglophones et des hispanophones saupoudrées d'accent béarnais, fait de cette soirée une des rares occasions où le picard se mélange au monde entier.

Je ne me souviens pas de ce que j'ai imité cette année-là, sûrement pas un oiseau de la baie car mon cours du soir m'avait été refusé. Je me rappelle en revanche que Johnny avait choisi de faire le merle noir. Il a une technique de sifflement avec les doigts qui produit un son d'une pureté absolue. Lors de son passage, le public est époustouflé. Sa mélodie de merle est à mon avis complètement ratée, mais ça n'est apparemment pas l'avis du jury ni du public, et Johnny, si petit sur la scène, devient aussitôt le petit préféré.

Je lui demande comment il siffle avec les doigts, il ne veut pas m'expliquer. Sébastien, qui emploie la même méthode, est impressionnant de virtuosité. Pour les limicoles, c'est un maestro. Les gars du Sud-Ouest, avec leurs imitations de palombes, arrivent bons derniers. Dans le Nord, il faut dire pigeon ramier !

Sébastien est classé premier, Philippe, du Mont-Saint-Michel, qui siffle aussi avec les doigts, est deuxième. Je finis troisième – mais premier sans les doigts ! Et Johnny alors ?

Pierre Bonte, l'animateur de la soirée, s'approche du micro et clame : « Le vainqueur des moins de seize ans est Johnny Rasse ! » Alors que Johnny le rejoint sur scène, il poursuit : « Johnny ! Ça n'est pas votre vrai prénom ?

– Si, répond Johnny avec un petit sourire gêné.

– Ah oui, Johnny, c'est votre vrai prénom ! Vos parents devaient être de grands fans de Johnny Hallyday. Si vous aviez été une fille, vous vous seriez appelée Sylvie. »

Il rit et le public aussi, mais pas Johnny.

Je ne comprends rien. Le jury lui remet le prix du meilleur jeune de moins de seize ans. Moi, je suis troisième au général et j'ai douze ans. Je devrais être premier des moins de seize ans. Mais non, me dit-on, une nouvelle règle vient tout juste d'être promulguée. Il n'est plus possible de cumuler. Je suis dégoûté…

Je quitte la scène le cœur lourd en pensant au trait d'humour de l'animateur à propos du prénom de Johnny. Johnny, c'est mon surnom à moi aussi à la maison. En tout cas, c'est celui que me donnent mes parents depuis que je suis petit. Le nom de mon meilleur ennemi. Ils devaient aussi être fans de Johnny Hallyday.

Si j'avais été une fille, peut-être que je me serais appelée Sylvie…

Des ozhons !

L'année qui suit le premier concours est celle où va s'épanouir mon drôle de talent. Je découvre le collège de la Baie-de-Somme, dont la majorité des élèves sont des enfants de chasseurs. Docquincourt, Delabie, Servant, Lamidel, Houart, Boyard sont des fils de charpentiers, de pêcheurs à pied ou d'ouvriers, mais chaque nom évoque d'abord une figure connue du territoire. Le collège a une réputation bien à lui, c'est un établissement compliqué, ses élèves sont considérés comme des têtes brûlées.

Le premier vendredi de septembre, je pénètre dans la cour de récréation. En ce jour glacial, comme un hiver arrivé bien trop tôt, je descends du bus venant d'Arrest et j'avance dans l'immense cour du collège. Je me range avec mes camarades en attendant la professeure de français. La fumée qui sort de nos bouches provoque une vague de sourires. Nous semblons fumer au milieu de la cour, sans cigarette. La classe entière de sixième 4 s'imagine la clope au bec devant les professeurs. Nous rions, et cela nous fait oublier nos pieds engourdis par le froid.

La prof arrive et nous lui emboîtons le pas jusqu'à un bâtiment en préfabriqué constitué de grandes fenêtres. Une fois dans la classe, comme le veut la coutume, nous restons debout derrière nos tables, attendant un signal de l'enseignante pour nous asseoir. C'est alors que le jeune Docquincourt – il est aussi petit que moi –, qui regarde dehors, brise d'un coup le silence : « Des *ozhons* ! Des *ozhons* ! » s'exclame-t-il. Pris d'une frénésie soudaine, il se jette sur les fenêtres et les ouvre en grand malgré la température hivernale. Une partie de la classe ne comprend pas, mais quelques-uns se joignent à lui et font barrière face à la professeure de français qui proteste, interloquée : « S'il vous plaît, fermez ces fenêtres ! Que se passe-t-il ? Je n'ai jamais vu ça. » Elle menace d'heures de colle, d'avertissements, de convocations chez le directeur, rien n'y fait. « Bon sang, finit-elle par s'écrier, c'est quoi ces *zonzons* ? » La réponse arrive sans tarder : « Mais, madame, les *ozhons*, ce sont les oies ! »

À travers les fenêtres, le vol des oiseaux dessine de grands V dans le ciel. Quelques garçons commencent alors à produire un son étrange. Puis deux. Et c'est bientôt la moitié des élèves qui entonne un drôle de chant. Les doigts dans leur bouche, ils sifflent en chœur, dans l'espoir d'attirer les volatiles et de détourner leur vol. Dans le bâtiment d'en face, les troisièmes réagissent en nous répondant à distance.

Et progressivement les élèves des autres classes ouvrent leurs fenêtres, intrigués. L'enceinte du collège est saisie d'une gigantesque cacophonie, dont la cour vide renvoie les échos vers les bandes immenses d'oies sauvages qui gravitent au-dessus de nous, plusieurs centaines de mètres plus haut. À chaque fenêtre du collège s'expriment des oies humaines. Un sifflement très rudimentaire pour certains, des cris pour d'autres… Et le miracle se produit enfin : une bande d'oies sauvages se détourne et décroche en répondant.

En plein cours de français, j'ai l'impression que le collège me souhaite à sa manière la bienvenue. Les oies cendrées peuvent réagir à un sifflet dit « bourdon », et la bande d'oies sauvages est en train de modifier son vol pour y répondre. Lorsqu'on utilise nos cordes vocales en sifflant en même temps, le chant produit ne ressemble pas à celui de l'oie, mais il ouvre un échange qui permet de communiquer avec les oiseaux. C'est le secret de l'oie cendrée : elle ne répond qu'à ce drôle de cri où se combinent le sifflement et le chant.

Ainsi, dans le brouillard matinal, une cinquantaine d'oies perdent de l'altitude et s'orientent en direction de la cour du collège. Vu d'en haut, le macadam bleu nuit doit ressembler à une immense mare. Les oies prennent visiblement notre cour pour un vaste plan d'eau… Arrivées à une dizaine de mètres au-dessus de nous, les pattes sorties, prêtes à se poser à côté de la cantine derrière les tables de ping-pong en ciment, elles comprennent enfin qu'il n'en est rien. En un battement d'ailes, elles font demi-tour et reprennent tranquillement leur route, nous saluant de quelques cris en guise d'au revoir.

Professeurs et élèves, nous sommes tous sous le charme, émerveillés par ces oiseaux, leur beauté, leur envergure, leur vol majestueux. Assister au passage des oies sauvages laisse toujours le sentiment d'une légère nostalgie. Car, comme les oies sauvages, les belles choses de la vie nous ravissent et disparaissent à jamais dans un battement d'ailes.

Le lendemain matin, les classes sont presque vides. Dans ce collège pas comme les autres, les jours de grandes migrations, les enfants vont à la chasse de nuit avec leur père…

Toute l'année, le collège reste imprégné par ce survol magique. Le bâtiment est pris en étau entre les hauteurs de la vieille ville et l'immense baie de Somme. Au rythme des saisons et des migrations, pendant quatre ans, je ressens ici le souffle de la baie, qui remplit mon cœur et gonfle mes poumons d'enfant.

Lorsque l'hiver arrive pour de bon, avec les vacances de Noël, je retrouve les sols gelés et la blancheur des bocages. Souvent, je me balade dans le bocage arrestois. La petite Avalasse ne coule plus et reste figée. Je joue à marcher dessus en avançant délicatement, à tâtons. Rien à craindre. Les températures sont négatives depuis plus de dix jours. Un bouvreuil pivoine, petite boule de plumes rouge vif au milieu d'un tableau nappé de blanc, vient me dire bonjour. Le chant du mâle est si triste qu'il me fait penser à ces frères crotellois qui s'endormaient en sifflant le jour du concours. C'est une note pure et douce, traînante comme une berceuse glissée à l'oreille d'un enfant. J'engage la conversation, et l'oiseau répond. Il est assez curieux. Il m'accompagne même le long de l'Avalasse, d'arbre en arbre. Je traverse les pâturages sans être vu, avançant tout doucement au centre du ruisseau gelé. Je suis protégé du vent par les deux parois des fossés servant de berges.

Soudain j'entends un cri étrange, un cri humain, très loin, mais qui résonne depuis mon bosquet fétiche. Aucun doute, quelqu'un m'appelle, une première fois, puis d'une façon un peu différente. Les deux cris sont lointains mais j'ai l'impression qu'ils me sont directement adressés. Je sors du bras du ruisseau et scrute le blanc immaculé. Personne. Le bosquet est à une centaine de mètres de là. Les deux cris viennent de nouveau de résonner : des râles puissants, étrangement humains. L'intonation m'intrigue. Je pense à un « à l'aide ! » ou un « y a quelqu'un ? ». Les cris viennent visiblement du bosquet ou, à la réflexion, plutôt de derrière celui-ci.

Haaaa ! Haaan ! Ce son me glace le sang… Ces cris dont je ne peux distinguer l'origine me plongent dans une profonde détresse. Pour en savoir plus, je me tourne légèrement vers le bosquet lorsqu'une immense oie cendrée fonce droit sur moi, les ailes étendues. La scène est digne de la fameuse séquence de l'avion dans *La Mort aux trousses*. L'oie a dû prendre l'Avalasse pour piste d'atterrissage. Elle passe si près de ma tête que je sens le souffle de son corps sur mes cheveux et je vois les plumes de son ventre bouger au gré du vent. L'image est saisissante. Ses pattes, d'un rose intense, contrastent avec le blanc écru de son ventre parsemé de taches noires.

Blotti au fond de ma tranchée de fortune, le cœur battant la chamade (l'oie est remontée vers le ciel, décidant que l'Avalasse ne lui convenait pas), je pense à ce que j'ai lu dans les manuels rangés dans la chambre de mes parents. Les oies sont une espèce très sociable qui vit en famille. Lorsque le froid gagne la Scandinavie, que le sol durcit et que la nourriture vient à manquer, le jars exhorte les siens à quitter la terre natale et entraîne tout le monde dans un voyage vers le sud pour des milliers de kilomètres. Une fois en vol, les oies sont très organisées. Les jeunes se mettent en file indienne pour la formation en V, avec à leur pointe le jars, qui choisit les meilleures voies de migration. Ce système de V n'est pas infaillible. Par temps de brouillard, avec la fatigue, il arrive que certains jeunes oisons s'égarent et plongent le groupe dans une recherche éperdue.

Me revient alors en mémoire l'épisode avec les élèves de ma classe de sixième, et ce sifflement tellement étrange qui part des tripes et fait vibrer les cordes vocales. Je me souviens de chacun de ces élèves prenant leur souffle avant de chanter. Leur inspiration ne se situe pas dans la poitrine mais dans le ventre. Spontanément, je tente ce même mouvement en plaçant mes doigts dans la bouche, comme pour siffler. Je gonfle mon ventre en ne pensant qu'à cela et je décide de crier *Annnnn ! Annnnnn !* Le cri est animal. Il part de mes entrailles et me fait instantanément trembler la tête. La vibration et le souffle sont si puissants que le sifflement se déclenche simultanément, créant un son diphonique qui rappelle le chant des contrées tibétaines.

L'oie qui, grâce à son immense envergure, se trouvait déjà à plusieurs centaines de mètres d'altitude a plongé. Derrière moi, un souffle me soulève soudain les cheveux. Je baisse la tête par réflexe puis lève les yeux au ciel. Une masse noire, les ailes étendues, et plus rien… Je tente à nouveau d'émettre ce son qui me fait trembler le corps. La réponse est immédiate, cinglante, comme un coup de fouet. Elle paraît si proche que je n'ose plus bouger. J'arrête de respirer, je suis groggy, appuyé contre la berge. Et alors j'entends dans la neige le frôlement des pas de mon oie sauvage. Elle marche délicatement au-dessus de ma tête. L'herbe gelée craque sous ses pattes palmées. Je suis quelques centimètres plus bas, plaqué contre la paroi…

Toujours sans respirer, je lève les yeux, sans bouger la tête ni même le corps. J'aperçois une petite boule de fumée qui disparaît aussitôt dans le froid. C'est elle. Elle avance encore un tout petit peu et le rose orangé de son bec à demi ouvert laisse échapper un nouveau nuage vaporeux d'air chaud. Je distingue les petites dents qui lui permettent de couper l'herbe dont elle raffole, et qui signalent son régime alimentaire : l'oie cendrée se nourrit d'herbes fraîches qu'elle trouve au bord des étangs. Je suis à moins d'un mètre d'elle.

Je la sens hagarde et perdue. Elle ne devrait pas se retrouver seule. La tête penchée, elle attend quelque chose ou quelqu'un. Soudain elle décolle et se pose à une vingtaine de mètres de là. Je m'approche, sans bruit, pour l'observer de plus près. C'est à se demander si la belle ne prend pas un malin plaisir à se montrer dans cette pâture en sachant que je l'observe. Je tente d'émettre un léger son, comme pour l'apprivoiser. Mon chant en sourdine, porté par le vent, vient effleurer son corps. Elle se redresse et, le bec à demi ouvert, elle hurle comme un espoir retrouvé. Je suis persuadé qu'elle est égarée. Je siffle un chant en bourdon, tout simple. Sa réponse est immédiate, intense. La tonalité de son chant montre qu'elle appelle à l'aide dans un monde inconnu. Quelques flocons de neige donnent l'impression d'une pluie de météores gris. Nos deux appels s'entrelacent, ils percent le ciel blanc. Et soudain, dans un immense vacarme, dix, vingt, puis une cinquantaine d'oies tombent comme des pierres, pour rejoindre la pauvre égarée !

Je distingue toujours mon oie parmi ses congénères. Elle se dresse et cancane avec force, heureuse de retrouver les siens. Elle sonne les retrouvailles, un peu comme le brame du cerf dans une forêt. Les autres émettent de petits cris de contact. Elles se reconnaissent, s'interpellent et se restaurent joyeusement dans la pâture arrestoise. La halte choisie par hasard par notre égarée semble satisfaire tout ce beau monde. Son erreur s'est faite trouvaille sur le chemin de leur migration, la nouvelle aire de repos des bocages d'Arrest. Jusqu'à ce que le jars sonne la fin du ravitaillement, d'une voix très rauque, et c'est un nouveau départ vers le sud, pour des milliers de kilomètres…

Si seulement j'avais pu sauter sur le dos de mon oie pour traverser le monde de là-haut et les connaître un peu plus ! Ce jour de décembre m'a rendu intensément triste et heureux. Triste de la quitter si brusquement. Heureux d'avoir découvert le chant de la belle égarée, ce sésame qui deviendra par la suite, face aux enfants chasseurs de la baie de Somme, un véritable laissez-passer dans l'enceinte du collège.

Les aubépines roses

Le Festival de l'oiseau a lieu fin avril et se clôture avec le concours d'imitation. Jean ne vient que très peu à la maison. Un sentiment de méfiance s'est insinué entre nous. Il me scrute de loin, vissé dans ses bottes en caoutchouc. Je l'observe lorsqu'il passe à vélo pour rejoindre Jean-Pierre, l'agriculteur du coin. Cet homme d'une cinquantaine d'années, aux mains immenses et au visage rougi par la vie en extérieur, est son meilleur ami. Tous les jours, Jean se rend chez lui et grimpe parfois sur son tracteur, un John Deere flambant neuf.

Sans le vouloir, je me lie d'amitié au même moment avec le frère de Jean-Pierre, qui vit trois maisons plus loin. Le visage ridé comme l'écorce d'un vieux chêne, Gilbert est à mes yeux un ébéniste-poète, mais il est surtout apiculteur et amoureux fou de la nature. Il est capable de greffer des arbres, de construire des petits moulins qu'il place dans l'Avalasse, d'offrir des nichoirs à oiseaux en bois – en peuplier pour ceux qu'il aime et en sapin pour les autres…

Son atelier se situe dans la cour de la ferme de Jean-Pierre, où trônent de magnifiques outils datant d'un autre siècle. Il est baigné de lumière grâce à ses immenses verrières. Chaque fois que je passe et que j'aperçois Gilbert à l'ouvrage, je m'y arrête pour sentir l'odeur du bois travaillé. J'aime ce bazar organisé avec les outils suspendus, les vernis disposés, la table centrale marquée par le travail quotidien. De temps à autre, Gilbert m'offre un nichoir – en peuplier évidemment. Mais surtout, comme un vieux sage, il a une multitude de secrets à dévoiler, et quelques clés pour en percer les mystères.

Ce jour-là, il m'explique pourquoi il ne faut pas utiliser un vilebrequin trop large pour forer un trou de nichoir. Les diamètres sont différents selon les oiseaux, et l'essence de l'arbre a elle aussi toute son importance. La mésange bleue se plaît avec un diamètre de 26 millimètres et un trou totalement rond. Le rouge-queue préfère un nichoir un peu plus spacieux, avec une entrée plus grande et ovale. D'où viennent ses connaissances ? Sa réponse est toujours la même : la nature, l'observation et la patience. Gilbert est une sorte d'ermite. Il va de sa maison à l'atelier, de ses ruches à son jardin, et de son verger à l'Avalasse. Son paradis se trouve à quelques mètres de chez lui. Chaque saison, chaque période est le prétexte d'un nouveau savoir, d'une nouvelle anecdote. La récolte des noix fera du vin, celle des pommes du cidre, celle des potimarrons de la soupe – et le miel pour lui restera le nectar d'une nature divine.

Gilbert sait que j'adore les oiseaux et que je suis un imitateur, même s'il a la délicatesse de ne jamais me demander de siffler. Alors qu'il travaille le bois, il s'arrête et me dit soudain : « Je t'aime bien, tu es quelqu'un de bien. » Puis il reprend son rabot et d'un geste essuie les copeaux sur la planche de merisier. Je crois alors l'entendre dire à demi-mot : « Je ne l'aime pas, Jean, il sait tout. » Je ne sais pas d'où vient cette opposition soudaine, mais je comprends alors qu'il connaît fort bien nos talents à tous les deux.

Le jour de notre départ pour le concours, il m'offre le plus beau des cadeaux. Alors que nous empruntons la route où habitent Gilbert et Jean-Pierre, le long de l'Avalasse, notre pare-brise se retrouve soudain noyé sous une pluie de pétales roses comme dans les films japonais. L'allée qui conduit vers Abbeville est drapée de rose sur plus d'un kilomètre. Ma mère a les yeux remplis de bonheur. Mon père ne comprend pas, mais y voit déjà un signe de victoire. Gilbert, pour me souhaiter bonne chance, a greffé toutes les aubépines de l'Avalasse, provoquant une avalanche de pétales roses sur les passants.

Le soir venu, Monique et Jean-Pierre sont dans la salle pour soutenir Jean. Son frère est resté au village pour faire bouillir ses épinards et les premières tiges de rhubarbe. La nature n'attend pas, la récolte encore moins.

Le concours se tient à l'hôtel de France. Je suis une fois encore le plus jeune. Cette année nous sommes plus nombreux, une trentaine d'inscrits. Les organisateurs ont imposé un oiseau obligatoire pour tous les candidats, il s'agit du canard siffleur, très apprécié par le public.

Pour le reste, le mystère plane. Quels oiseaux allons-nous imiter ? Le secret, bien gardé, a fait l'objet d'une petite lutte entre Jean et moi. Il y a quinze jours, Jean m'a indiqué qu'il imiterait le bruant des neiges et le harle piette, deux espèces totalement inconnues ici. De mon côté, conseillé par mon père, je n'ai donné aucun indice, assurant que je n'avais toujours pas choisi…

Bottes en caoutchouc

Jean ou Johnny ?

Chacun de nous a ses supporters, et la tension est à son comble durant les mois qui précèdent le concours... Je considère d'ailleurs ce jour comme ma véritable date d'anniversaire, ma nouvelle naissance. En janvier, je harcèle les organisateurs du festival pour connaître en premier le nom de l'espèce imposée. Et, dès le lendemain du résultat du concours, j'appelle tous les jours pour recevoir mon chèque, qui me permettra un jour d'acheter ma longue-vue.

Mais entre-temps il y a la semaine du festival. Le premier samedi soir des vacances de printemps, c'est l'inauguration, et le concours d'imitation a lieu le deuxième samedi. Ainsi, chaque printemps, se joue un jeu de dupes entre la rue de Catigny et la rue des Abeilles.

J'essaie en douce de savoir quel oiseau Johnny répète pour le prochain concours. De ma fenêtre j'aperçois sa maison, mais avec la route bruyante impossible d'entendre ce qu'il prépare.

L'oiseau, lui aussi, travaille sans cesse son chant. Ses répétitions commencent dès l'automne. Ce comportement a été particulièrement bien décrit pour le rossignol philomèle dans son quartier d'hivernage. Les mâles répètent leur chant territorial avec une puissance limitée. C'est ce même chant qu'ils émettront en Europe du Nord au printemps suivant, qui leur servira à séduire une oiselle et à défendre leur territoire contre les intrusions de concurrents célibataires. Il n'est pas rare non plus de surprendre, un jour de pluie, un merle noir mâle qui répète en sourdine sa mélodie, bien caché au cœur d'un amas de lierre. La météo s'améliore brusquement, et aussitôt le même oiseau se perche sur la plus haute branche pour déclamer son chant à pleins poumons, avec une confiance totale dans sa production vocale.

Je passe subrepticement à vélo devant la maison de Johnny, mais je n'entends rien… Et un jour j'apprends qu'il prépare le chant du fuligule milouin. Les garçons du quartier sont en train de jouer au football. Johnny est parmi eux, habillé en footballeur, chaussé des derniers crampons d'une marque à la mode. J'entends crier au loin : « Bottes en caoutchouc, tu viens, il manque quelqu'un ! » – oui, mon surnom dans le bas du village c'est « Bottes en caoutchouc ». Et c'est vrai qu'elles ne quittent jamais mes pieds. À la seconde même où je rentre de l'école, j'enfile mes bottes de sept lieues. À moi l'aventure ! Incroyable plaisir que de sentir mes pieds s'insérer dans la botte et la tige froide de latex flotter autour de mes mollets. Chaussant du 47 à treize ans, mon allure dégingandée et le bruit des bottes claquant au rythme de mes pas sur le bitume trahissait mon arrivée dans tout le quartier. Mais, une fois dans la boue du marais, mes bottes deviennent silencieuses, mon regard se libère du plancher des bouses de vache et ne porte attention qu'au ciel et aux nuées. Ne plus regarder où l'on met les pieds. Quelle liberté !

Pour les zones marécageuses et vaseuses, une famille d'oiseaux est particulièrement bien dotée, les échassiers – plus scientifiquement appelés limicoles. Leurs bottes à eux, ce sont de hautes pattes fines et grêles qui, en fonction de leur longueur, permettent à chaque espèce d'atteindre une cote maximale. Si la profondeur de l'eau dépasse la hauteur des pattes, alors l'eau entre en contact avec les plumes du bas-ventre et l'oiseau cherche aussitôt à atteindre un haut-fond, comme un enfant qui n'aurait plus pied.

En fait, ce ne sont pas des bottes mais plutôt des échasses. De quelques centimètres de haut pour le bécasseau variable ou le chevalier guignette, la hauteur des tarses peut atteindre les vingt centimètres chez l'échasse blanche. Avoir des pattes deux fois plus longues que le corps confère à l'échasse blanche en vol une silhouette particulièrement étirée. Le cou tendu, elle doit quasiment mesurer un mètre alors qu'elle ne pèse que 170 grammes.

Mais la petite merveille des lagunes, c'est sa cousine l'avocette élégante, avec son plumage en mosaïque de carreaux noirs et blancs et son bec recourbé vers le haut, d'une finesse absolue. Elle dispose de pattes d'une douzaine de centimètres et, à la différence des autres limicoles, les siennes sont palmées. En cas d'erreur d'appréciation de profondeur ou de bas-fond, ces attributs permettent à l'avocette de continuer son périple, passant en alternance d'une marche sur la grève à une petite nage sportive. Ses pattes ne sont que semi-palmées, il lui faut donc les battre très fort pour avoir une nage efficace – tout en émettant son petit grognement flûté ou son joli *kluip kluip*.

Mais, en bottes, un fossé mal jugé, un trou de rat musqué ou un saut mal négocié au-dessus de la rivière et c'est la sanction immédiate : la botte est plantée, envasée, et l'eau pénètre en quelques instants à l'intérieur du chaussant.

Vite, des deux mains, tirer de chaque côté de la tige et remonter le pied tout en écartant les orteils au maximum pour éviter que le pied ne sorte de la botte et laisse cette dernière disparaître dans la vase, à tout jamais. À l'aide de quelques coups de rein, les bottes réapparaissent peu à peu, recouvertes d'un magma noir et pestilentiel. Au mieux la chaussette est mouillée, au pire les bottes sont complètement remplies, et le chemin du retour à la maison est bien piteux, accompagné de son *floc-floc-floc* à chaque pas. Ça sent la défaite… et l'annonce de deux ou trois jours à se morfondre sans pouvoir retourner dans les marais, le temps que les bottes sèchent. À l'époque, je ne connaissais pas le coup du papier journal enfoncé au fond, qui fait gagner au moins vingt-quatre heures de séchage, donc de bonheur.

J'aime les bottes en caoutchouc, je les porte de l'hiver au début de l'été. J'en ai fait ma signature. Mon passeport pour m'échapper…

Me voilà donc à faire le gardien de but, planté dans mes bottes. Johnny est en forme et enchaîne les tirs cadrés avec succès. Au septième ou au huitième but, je lui demande ce qu'il prépare – et c'est là qu'il me parle des fuligules milouins. Intérieurement, je jubile : la femelle du milouin émet un grognement si peu mélodieux de mouette enrouée qu'elle donne même parfois l'impression de s'étouffer, alors que le mâle, lui, a un sifflement nasillard. Quel mauvais choix ! Les spécialistes de l'emblématique canard siffleur de la baie vont le pulvériser…

De mon côté, c'est en allant à la pêche le long du canal de la Somme que j'ai découvert la gorgebleue à miroir (*Luscinia svecica*), un petit oiseau qui, à cette époque, commence à s'installer sur la côte picarde. C'est une véritable petite merveille. Il ressemble à un petit rouge-gorge, mais sur lequel on aurait remplacé l'orange par du bleu. Le miroir, c'est, au cœur de la tache bleue, une petite touche de blanc qui ne se voit que lorsque le mâle chante et qu'il fait gonfler son jabot.

L'oiseau dispose d'une queue foncée joliment bordurée de taches rousses, qu'il tient symétriquement opposée à sa tête dressée vers le ciel. On le repère au loin, perché sur un saule marsault ou une aubépine, ce petit passereau en forme de vase à deux anses, queue déployée et plastron gonflé.

Il faut l'approcher tout doucement. La plupart du temps, l'oiseau nous voit et plonge directement dans les phragmites voisins, d'où il ne réapparaîtra pas avant la nuit tombée. Mais parfois il accepte la présence humaine, et alors on peut même assister au vol nuptial : le mâle s'élève dans le ciel, queue déployée, en lançant sa phrase de chuintement aigu. Du regard, on peut le suivre jusqu'à ce qu'il cesse de battre des ailes et retombe en parachute à quelques centimètres de la femelle, complètement dissimulée par son plumage mimétique, parfait camouflage dans les roseaux…

J'aime son chant complexe, semblable à celui de la mésange charbonnière ; sa série de petite notes aiguës roulées est certes difficile à réaliser mais elle s'accorde bien avec ma technique de sifflement. Pour le prochain concours, ce seront les subtils aigus de la gorgebleue à miroir contre les grognements des fuligules milouins.

Quand vient le jour du concours, pour la première fois Johnny imite le rossignol philomèle, l'un des oiseaux européens les plus virtuoses… Il avait bien caché son jeu ! Ma gorgebleue fait partie de la même famille que le rossignol, celle des Musicapidés, mais évidemment la qualité de son chant est moindre… La technique de Johnny est parfaite, avec l'index et l'annulaire qui soutiennent la langue lorsque le cisaillement de l'air est au plus fort. Il utilise ses mains comme caisse de résonance et de modulation. Le son est pur et net, et il obtient même le decrescendo final incroyablement virtuose. Mais il ne respecte pas le chant de l'oiseau. Jamais il ne propose le cri de position pur et légèrement montant du rossignol. Il ne respecte pas l'ordre immuable des notes tenues, avec lequel le mâle rossignol indique la position centrale de son territoire ; ni la suite, avec les trilles plus ou moins nombreux et les ornementations les plus variées. Les ornithologues du jury apprécient mon imitation de la gorgebleue, que je n'ai d'ailleurs pas extraordinairement bien réussie. Mais, aux yeux du grand public, Johnny offre un oiseau virtuose. Son oiseau de concours, celui qui le portera loin. Heureusement mon goéland sauve de nouveau la mise, et je finis encore dans le trio gagnant.

À la réception du chèque, sur les conseils d'ornithologues, mon père m'emmène en Belgique pour acheter enfin ma longue-vue. 6 000 francs, le butin de trois concours à convertir en francs belges. Le postier d'Arrest, qui a réalisé le change, a bien dû se demander ce que nous trafiquions… Mais j'ai enfin mon Optolyth TS 65, grossissement trente fois. Un petit bijou ! Et, en avance sur le Noël suivant, un premier trépied tellement instable au vent qu'il se fracassera l'hiver suivant dans un observatoire en baie de Somme. À peine sortis du magasin de Bruges, nous rejoignons le port de Zeebruges pour observer les sternes et les gravelots qui nichent là, au milieu des containers et des énormes bulldozers.

Plonger son œil dans l'objectif ouvre un monde nouveau. On sent une démultiplication des sens. Voir l'animal si bien, et de si près, donne l'impression de faire soudain corps avec lui, tout en le dérangeant le moins possible. L'oiseau ne se sent pas épié, son comportement est apaisé. Avec cet équipement, les plus belles observations s'offrent à moi. J'ai le sentiment d'avoir la même capacité oculaire que les oiseaux – et même la double fovea des rapaces. Située sur le fond de la rétine, la fovea est la zone de vision la plus précise, celle où le maximum de cellules photoréceptrices recueillent la lumière. L'homme en a une dans chaque œil, mais les oiseaux de proie, eux, en possèdent deux, ce qui leur octroie la meilleure acuité visuelle de tous les vertébrés avec, en plus, la vision panoramique en relief et la capacité à suivre deux proies du regard en même temps. Lorsque j'ai l'œil droit dans l'objectif et l'œil gauche dans le ciel, j'observe en même temps l'oiseau dans son biotope et l'oiseau à proximité : je perçois une réalité augmentée.

J'ai changé de nombreuses fois d'optique, mais ma première petite longue-vue fétiche trône toujours juste au-dessus de ma table de chevet. Peut-être attend-elle quelqu'un…

Le rossignol philomèle

C'est devenu un rendez-vous incontournable. Chaque année, les vacances de printemps sont celles du Festival de l'oiseau d'Abbeville et de mes retrouvaille avec mon grand rival. Cette fois-ci, le tirage au sort me place à la fin du concours, tandis que Jean se retrouve en deuxième position. Le duel à distance peut commencer. Au repas, je m'assieds près de la porte, il s'installe à l'opposé. Je prends l'ascenseur, il opte pour l'escalier. Lors du défilé dans les rues d'Abbeville, il est en tête de cortège et moi, loin derrière...

La soirée débute avec l'entrée sur scène de Denis Cheissoux. Après le passage du premier concurrent, c'est au tour de Jean d'imiter l'oiseau imposé. Pour lui, c'est un défi, car le canard siffleur mâle émet un sifflet pur, fort et distinct, qui n'est pas dans son registre favori. Heureusement, grâce à sa voix malléable il termine en beauté, imitant le râlement caractéristique de la femelle. Cette difficulté à imiter le canard siffleur, beaucoup de candidats l'éprouveront. Le chant du mâle demande un sifflement dense, un peu comparable à la voix pure d'un chanteur, avec des variations aléatoires et un aigu très fort. Pour moi, c'est l'oiseau de la performance : une vocalise extrême, un jet d'air puissant, un contre-ut digne d'une soprano colorature... C'est une sorte de saut périlleux au bord d'une falaise, il faut du relâchement, du souffle et une grande technique de sifflement.

Vient mon tour. Je m'avance, concentré, face à ces mille paires d'yeux qui me fixent, comme un samouraï prêt à brandir son katana. Je m'imagine fendre en deux l'air qui m'entoure, en un seul geste – et en un seul souffle. Je gonfle mes poumons pour canaliser mon énergie, puis je respire délicatement pour me calmer. Je sens l'air descendre dans mon bas-ventre et d'un coup, en une fraction de seconde, ce ventre devenu rond se vide instantanément, à la vitesse de l'éclair. Partant du bassin, le son d'une pureté absolue vient fendre la salle en deux. Plus un bruit. Silence total. Et soudain un tonnerre d'applaudissements. Le règlement l'interdit. Denis Cheissoux appelle au calme mais le brouhaha persiste. Le canard siffleur de la baie de Somme embrase la salle, et les gens resteront longtemps debout.

Pour le concours libre, l'organisation teste une nouveauté en projetant une photo de l'oiseau choisi par chaque candidat. Quand Jean s'approche du micro, à la place du mystérieux bruant des neiges auquel je m'attendais apparaît l'énorme masse blanche d'un goéland argenté. Il m'a eu, j'étais sûr qu'il imiterait le petit passereau du Nord. Il va imiter le goéland une nouvelle fois, et une nouvelle fois la foule va l'acclamer… Cependant son numéro me paraît cette fois différent, moins audacieux, comme empêché au moment de l'envol. Je décèle dans sa gorge d'enfant un voile étrange, comme si l'équilibriste était blessé et que le funambule vacillait. À la fin de sa prestation, Jean salue bizarrement la salle alors que c'est interdit. Il semble désarçonné par sa performance. Le public l'applaudit avec bienveillance, mais quelque chose s'est cassé.

C'est mon tour. Derrière moi apparaît la photo d'un oiseau dont aucun imitateur n'ose prononcer le nom. Je n'ai pas eu le courage de le dire à Jean, malgré son insistance, de peur d'être raillé… L'oiseau que j'ai choisi vit caché. Chaque printemps, ce Cyrano des marais, légèrement plus grand qu'un rouge-gorge, au plumage marron terne, pleure de désespoir en déclamant des vers que sa belle n'entend pas. S'il réussit à s'accoupler, il cesse de chanter jusqu'au printemps. Poète maudit des taillis, il vit de presque rien, mais il est réputé pour son chant légendaire. Lorsque Denis Cheissoux prononce le nom du « rossignol philomèle », un frisson parcourt la salle et un immense *wwwwoooooooohhhh* vibre jusqu'à mes pieds. L'onde se calme alors que je n'ai pas encore émis une seule note. J'étends mes bras le long du corps. Mes mains s'approchent délicatement de mes lèvres. Je pense aux aubépines roses de Gilbert lorsqu'on remonte par la berge du petit ruisseau de l'Avalasse. C'est à l'intérieur de cette haie que j'entends, chaque printemps, le chant éperdu du rossignol. Au cœur de la haie, bec grand ouvert, il distille ses premières notes. À chaque strophe, il semble vouloir accorder son instrument en débutant son chant par le jaillissement suspendu de quatre ou cinq notes tenues. Mes doigts placés dans la bouche face au micro, j'expire délicatement ce filet d'air de départ. Il est si pur qu'il peut briser à tout moment la ligne de note recherchée et me faire défaillir. L'exercice est risqué. La note obtenue est sculptée, miraculeuse. L'équilibre entre l'air expulsé, la position des doigts, le placement de la langue et l'inclinaison de la main est précaire. Il détermine la hauteur de la note et le fameux chant de position. Je l'exécute cinq fois de suite.

Dans le chant du rossignol, les notes de position indiquent au marais et aux oreilles des alentours : « Je suis un rossignol, cet arbre est à moi, et toutes les femelles qui s'y poseront sont priées de s'unir avec moi. » Une déclaration si mélancolique et si tendre qu'une fois ces cinq notes obtenues, notre poète de l'ombre peut livrer la quintessence de son chant afin de dévoiler son identité. Comme les cernes d'un chêne, le nombre de trilles détermine son âge. Et sa maturité sexuelle… Les grands voyages entre l'Afrique et l'Europe ont développé ses sacs aériens, sa syrinx et ses plumes. Autant d'atouts qui permettent au vieux mâle d'obtenir les faveurs de la femelle au détriment des jeunes.

Devant le micro, je me lance dans le grand voyage des rossignols, expulsant tout l'air de mes poumons transformés pour l'occasion en sacs aériens. Les premiers trilles d'abord. Dans un silence absolu. Puis une deuxième salve. Le chant est plus long, plus intense. Je m'imagine avoir parcouru les terres du Nord en passant par le détroit de Gibraltar, les dunes du Sahara et l'arrivée, avant le lever du jour, dans le parc de la Garamba, au Congo. C'est ma première migration.

Pour la troisième strophe, j'exécute un nombre de trilles annonçant un rossignol aguerri qui, après tant de migrations, reviendrait une dernière fois dans les aubépines arrestoises. Mes yeux sont remplis du sable des dunes, du sel de la Méditerranée et de la bruine du Nord. Doucement, je me déplace pour sortir de la lumière. Le public est silencieux, le recueillement est total. Le chant d'amour a éclipsé la parole des hommes. Il a ouvert les yeux du public sur la beauté sacrée de la nature. Pour moi, c'est un tournant, une nouvelle ère qui débute. Je ressens de la considération et de la reconnaissance. Avec les chants du canard siffleur et du rossignol philomèle, j'ai pu montrer la dualité de mon territoire et l'ambivalence de mon être, pris entre la tradition de la baie de Somme et la virtuosité des chanteurs du bocage.

Le troisième oiseau, lors du dernier passage, ne changera rien. Le concours est fini. Je rejoins ma place. À l'opposé, je vois Jean qui s'est blotti au fond de son siège. Il ne bouge plus. Moi non plus, je ne veux pas rejoindre mes parents, ma famille ou le public comme d'habitude. Je pense à mes oiseaux. Le gagnant de l'année dernière, qui est donc juge cette année, vient me saluer et me glisse que je serai le vainqueur ce soir.

Cette soirée devait être inoubliable, mais le désespoir de Jean et peut-être la mélancolie du rossignol me gagnaient.

Denis Cheissoux est sur scène, accompagné d'une jeune femme blonde portant l'écharpe de Miss Tournai, qui tient dans ses mains la statuette du premier prix, représentant deux fous de Bassan. Le présentateur annonce alors un invité surprise, avant la remise du trophée : « Vous pouvez l'applaudir, mesdames et messieurs : Zorro ! »

Cramponné à mon siège, une poussée d'adrénaline m'envahit ; je sais que Zorro est là pour notre duel. Et si duel il y a, je n'ai aucune chance. J'imagine l'homme masqué avec des bottes et un chapeau noirs qui surgit et transperce mon corps d'un grand coup d'épée…

Il entre enfin, le pas chaloupé, avec un grand sourire. Il a des allures d'Alain Delon : grand, les yeux bleu azur, une quarantaine d'années. Son costume n'a rien des romans de cape et d'épée. Il est plutôt endimanché, comme s'il attendait ce moment depuis longtemps. Il boite et roule des mécaniques en même temps. Démarche étrange. Il harangue la foule et réclame le micro du présentateur. Le public est hilare. Denis Cheissoux s'exécute. C'est Zorro désormais qui anime la soirée. Avec un accent à couper au couteau, il enchaîne les anecdotes et les blagues sur les oiseaux, sur leurs comportements, champion incontesté de l'anthropomorphisme. Il fustige le monde politique local. Il raconte son amour de la chasse, quand il remarque soudain la présence de la pauvre Miss Tournai. La jeune femme, qui n'a rien demandé à personne, devient immédiatement son centre d'intérêt. Il improvise une parade nuptiale. Tous les Colombidés y passent : la tourterelle turque, la tourterelle des bois, la tourterelle rieuse de cage, le pigeon ramier, le pigeon biset. Denis Cheissoux tente en vain de récupérer son micro pour stopper la mascarade. Zorro saute, rit, s'échappe. Sa dernière tentative de séduction est la parade nuptiale du mâle de dindon. Tête baissée, il glousse et fonce sur la jeune femme. C'en est trop. Miss Tournai quitte la scène.

Puis Zorro décide d'imiter les oiseaux, du plus grand au plus petit. Il commence par les oies, les canards, les limicoles. Il s'essaie à la grive musicienne, au merle noir et à quelques mésanges. Sa technique n'est pas parfaite, j'entends qu'il y a un peu d'air dans son sifflement, mais l'enchaînement des espèces relève quand même de la performance. Sa technique sans les doigts, uniquement sur la base du travail des lèvres, m'intrigue. Depuis mon siège, j'observe attentivement le placement de ses dents et de sa bouche. Je comprends que pour effectuer pareil sifflement il faut sourire. Contrairement à ma technique où les doigts et les mains servent d'instrument et de syrinx, il réussit son imitation sans se cacher derrière ses mains. Sa technique, qui favorise la rapidité et le changement de tonalité, est propice à l'imitation de certaines espèces. Zorro reste le premier chasseur qui osa imiter les passereaux et les oiseaux virtuoses. « Bisou » pour les uns, Zorro pour les autres, il est une figure locale, un tantinet braconnier, toujours au bord de la légalité. Se jouant de l'autorité, il est un véritable Raboliot de la baie de Somme.

Denis Cheissoux arrive enfin à récupérer son micro. Zorro quitte la scène sous l'acclamation de ses fans. La remise des prix reprend son cours avec Miss Tournai. La deuxième place du concours général est attribuée à Jean Boucault. Jean sourit tant bien que mal. Sans surprise, le rossignol a joué de ses charmes et je remporte le premier prix des moins de seize ans. J'entends ma tante hurler de joie dans la salle. J'ai gagné un voyage de quatre jours à Eurodisney pour quatre personnes. Étrange cadeau pour un festival de la nature et de l'oiseau… Et, sans surprise, la statuette du premier prix du concours général revient à un Crotellois, digne représentant de la baie.

Je retrouve ma famille à la sortie du théâtre. À mon grand étonnement, mon père est en compagnie de Zorro. En se plaçant systématiquement hors concours, Zorro a réussi ce coup de maître de s'imposer comme le champion incontesté des imitateurs. Les hommes rient tous les deux aux éclats, comme de vieux amis. Mon père me prend dans les bras et pose sa main sur ma tête pour me féliciter.

Mais c'est Zorro qui reste l'attraction principale. Il me défie du regard : « *Tu chiflles commint ?* Avec tes doigts ? » Ma réponse positive le fait rire. Il me lance, comme pour se moquer : « *Hey, tcho, tu vas faire commint avec tin fusil ?* »

Décidément, les chasseurs sont aveuglés par leur passion… Je remercie la mésaventure de mon enfance qui m'a empêché de tenir un fusil dans les mains. Mon plaisir, c'est d'être en communion avec les oiseaux, au plus près de leurs chants. J'aurais voulu qu'un oiseau se pose sur le canon de leur fusil et en dévie la mire pour toujours. Un oiseau qui chanterait de tout son cœur et leur montrerait la beauté de la nature. La moquerie de Zorro ne me concerne pas, elle ne peut pas m'atteindre. En revanche, sa technique pour les aigus et la vitesse d'enchaînement des notes m'intéresse au plus haut point ! En la maîtrisant, je pourrais me rapprocher des chants du rouge-gorge, du pinson des arbres et du chardonneret élégant…

L'émancipation

Cette victoire me rend à mon tour très populaire, ma frimousse de jeune garçon aidant. La première page du *Courrier picard* et le reportage au journal régional de FR3 feront le reste. Des journalistes appellent quotidiennement à la maison. Je dois inlassablement raconter mon histoire : Qu'est-ce qui m'a donné envie de faire l'oiseau ? Qui m'a inspiré ? Combien d'oiseaux je peux imiter ?

À chaque passage à la télé, on enregistre ma prestation sur une cassette au magnétoscope, puis mes parents invitent la famille. Au journaliste de FR3 qui me demande comment, je rétorque :

« Bah, j'en sais rien moi, c'est comme ça. Tu mets tes doigts dans la bouche et tu souffles ! »

Tout le monde rit devant le naturel de ma réponse.

Ma vie au collège se transforme, certains élèves m'arrêtent pour que j'imite un merle ou un canard siffleur. D'autres me félicitent ou me dévisagent ouvertement, comme si je n'étais pas réel. Mais c'est à l'occasion d'un début de bagarre avec un caïd fraîchement débarqué du Tréport, aux épaules larges et aux mains immenses, que je comprends le pouvoir de ma petite célébrité…

Mon frère est dans de sales draps, c'est la troisième fois qu'il vient me trouver en pleurant parce qu'un nouveau le mitraille de coups de poing dès qu'il passe dans la cour. Pas de chance, le coupable, c'est le nouveau que personne ne connaît, mais dont tout le monde se méfie : son père serait un ancien champion de boxe reconverti en marin pêcheur.

Il fait un bon mètre quatre-vingt à quinze ans et est toujours posté au même endroit dans le collège, à côté de la grande grille de sortie, prêt à s'évader ou à fuir quelque chose. Je suis dans l'impasse. Mon honneur de frère aîné est en jeu, je dois agir.

Je décide donc d'aller affronter le fils du boxeur du Tréport. Prêt à mourir dans la cour pour défendre mon petit frère.

À la récréation, sans attendre je m'avance et je dégaine le premier :

« Salut ! Il paraît que tu tapes mon frère ? »

Il est de dos, et sans même me regarder il répond :

« Je t'en pose des questions, t'es jaloux ? »

J'avais beau me souvenir de Clint Eastwood dans « La dernière séance », ça ne présageait rien de bon, et ma réponse dépassa ma pensée :

« Je ne te le dirai pas deux fois. Arrête ! »

Sans que j'aie rien vu venir, je sens soudain un courant d'air frôler mon petit nez… Le coup est passé à côté, mais si vite que je m'étonne d'être encore debout.

En un instant, nous voilà entourés d'une foule de collégiens, débarqués tels des vautours sur un charnier, qui crient tous en chœur : « Bagarre ! Bagarre ! Bagarre ! » L'un d'eux m'encourage, lance mon nom : « Allez, Johnny ! »

D'un coup le colosse s'arrête : « Johnny ?... C'est toi ? » Il m'attrape par l'épaule et m'enlace. Je suis interloqué. Il me serre si fort que j'arrive à peine à respirer. J'apprends alors qu'il est le neveu d'un concurrent du précédent Festival de l'oiseau. Et le voilà qui se met à hurler dans le collège : « C'est Johnny Rasse, c'est Johnny Rasse ! Le rossignol, le merle, vous le connaissez pas ? Mais il est incroyable, ce gars ! »

Il me demande soudain qui est mon frère. Un cortège s'organise, la foule nous suit, bras dessus, bras dessous, et nous voilà partis à la recherche de mon petit frère. Quand nous le trouvons enfin, le gaillard s'excuse à voix haute et s'engage à nous protéger. Il me confie que s'il avait eu le malheur de me toucher au premier coup de poing, son père se serait chargé de lui en rentrant... Aux yeux de sa famille, je suis le plus incroyable imitateur d'oiseaux, plus fort même que Zorro.

C'est ainsi que Johan devient l'assurance d'une vie paisible dans la jungle collégienne. Jusqu'au brevet, à chaque concours remporté une vague de popularité me submergera, transformant mon environnement. Le point culminant de cette notoriété est atteint en troisième, lorsque le proviseur décidera de me mettre face à un micro au milieu du gymnase rempli de tous les élèves. Après trois lettres officielles reçues à la maison, je suis contraint et forcé de m'incliner. On ne refuse rien au directeur du collège de la Baie-de-Somme.

Le faucon crécerelle

Ma rentrée en troisième rime avec une petite révolution dans l'organisation familiale. Dans une minuscule chambre mansardée au-dessus du collège, me voici interne à Amiens. Quel ennui ! Mes poules me manquent, mes canards me manquent, la nature et surtout les oiseaux me manquent. Avant l'internat, je n'avais jamais eu l'impression de voir les heures passer, mais là, d'un coup, le temps s'est arrêté. Dans la salle d'étude, je regarde les secondes s'égrener doucement. En français, la professeure demande de lire *Vipère au poing* de Bazin. Nous avons un mois pour le lire. Alors je le lis une fois, je le relis, deux fois, trois fois, quatre fois… Je n'ai que ça à faire de 16 h 45 à 22 h 30. Je le connais par cœur, je pourrais le réciter… J'intègre *Vipère au poing* étape par étape, à la manière d'une petite oie naine qui retient le chemin de la migration. Avant d'atteindre la maturité sexuelle à trois ans, l'oiseau suit les adultes expérimentés.

Vient le jour du contrôle, ensuite celui de la remise des copies. La mienne, je ne l'ai jamais revue : je suis convoqué pour tricherie. Des détails ne trompent pas, j'aurais consulté le livre durant l'interrogation. Trois heures de colle. J'ai détesté le français…

Heureusement il y avait M. Nosal, le professeur de sciences naturelles. La première fois que j'atteins sa salle de cours, tout en haut du collège, je suis intrigué par une odeur que je connais bien. Un mélange d'humus et de plume. Les élèves s'installent devant les paillasses blanches carrelées dans une cohue généralisée. Pas de professeur. Nous attendons. Une porte claque, un silence inquiétant s'installe. Brusquement, derrière moi, je discerne un bruit de grelot. Là, juste au-dessus de moi, un faucon crécerelle femelle – le mâle a la queue grise – m'effleure le visage de la pointe de ses ailes. Le volatile file à toute vitesse vers le tableau et, au moment où je m'attends à entendre le bruit terrible de l'oiseau qui se fracasse les vertèbres contre une vitre, il fait demi-tour, survole de nouveau la salle du premier au dernier rang et vient se poser sur un petit bonhomme à lunettes vêtu d'une blouse blanche, équipé d'un gant de fauconnier.

Première leçon : le faucon crécerelle. Je n'en reviens pas. Dès lors, j'attendrai le jeudi matin avec une folle impatience. Quoi que je réponde, mes copies seront systématiquement annotées d'un « 20/20, excellent travail ». Je remercie mes camarades de classe, qui ne m'ont pas tenu rigueur de prendre, deux heures par semaine, la place d'oiseau favori. Après les cours, je passe des heures dans cette salle où M. Nosal me projette des diapos de cerfs, de pics et de serpents en tous genres. Il s'organise avec son épouse et Laurent, un ami ornithologue, pour me faire sortir le mercredi après-midi afin d'aller voir les oiseaux autour d'Amiens. Il m'inscrit même à un voyage ornithologique dans le delta du Danube. Mais, avant le voyage, encore faut-il passer l'hiver à l'internat…

Je boucle tous mes devoirs le jeudi soir pour ne pas avoir à ouvrir le moindre cahier du vendredi au lundi matin, et profiter ainsi pleinement de mon village d'Arrest. J'ai tellement à faire… Je retrouve mes oiseaux le long de l'Avalasse, je retrouve la ferme et ses travaux au fil des saisons.

À l'internat, tous les niveaux sont mélangés. Il y a des quatrièmes, des troisièmes, jusqu'aux terminales. Nous, les collégiens, nous avons moins de devoirs et le soir, dans les chambres, on s'ennuie. Si certains dorment tôt, d'autres, comme moi, restent de longues heures à regarder par la fenêtre. Un soir, le surveillant de nuit, qui m'a à la bonne, m'autorise à sortir de ma chambre pour aller écouter les oiseaux. Trente minutes de permission, pas une de plus. Je descends discrètement les étages dans le noir. D'abord le petit escalier en bois qui mène aux chambres situées dans les mansardes où je dors, puis deux grands escaliers en granito blanc et noir à la rambarde d'acier glaciale. Bizarrement, j'ai peur dans ces bâtiments, mais cette peur disparaît dès que je pousse la porte, qui reste ouverte pour raison de sécurité. Dans la cour du collège, la nuit s'ouvre à moi. Je me cache au pied d'un tilleul, en quête des secrets du couple de chouettes hulottes qui nichent dans les grands arbres du parc. Ça fait plusieurs semaines que je les entends, mais la fenêtre de ma chambre donne du mauvais côté, avec vue sur le Maryland ! Ça peut paraître exotique, mais ce n'est que le nom du bar PMU en face du collège…

Voilà vingt bonnes minutes que j'attends au pied de l'arbre et je commence à me maudire d'être descendu si peu habillé en ce mois de décembre. J'ai la gorge qui commence à piquer. Mais c'est une drôle de chouette que je surprends ce soir-là… Qui donc sort de l'appartement de monsieur l'abbé ? Oh oh, mais on dirait bien ma professeure, celle que j'ai en dernière heure le vendredi soir !

« Bonsoir madame !

– Euh, bonsoir… »

Cette rencontre nocturne est providentielle… Le vendredi suivant, je formule l'air de rien la demande de quitter le dernier cours avec six minutes d'avance, pour espérer attraper le train de 17 h 04. Sans grande surprise, ma requête est acceptée. Je n'ai plus à attendre le train de 18 h 12 ! Mais cette dernière heure de cours me paraît durer une éternité. Discrètement, je regarde pour la centième fois l'horloge de l'église par la fenêtre. 16 h 53… 16 h 54… Top départ !

Par chance, la rue du collège descend sur 800 mètres jusqu'à la gare, plein ouest. Exactement là où je veux aller. Vers la mer… Je cours dans la ville avec mon sac sur le dos, je file le plus rapidement possible, heurtant quelques passants qui ont la mauvaise idée de ne pas avancer. Pas le temps de leur expliquer. Mon regard fixe la tour Perret, en sémaphore. La gare est à ses pieds. Je plane au-dessus des passages piétons, je vole dans les escaliers, je pique sur la voie et, lorsque je pénètre dans le train à bout de souffle, en nage, je n'ai même plus la force de batailler pour trouver une place à côté d'étudiants qui rentrent chez eux. Entre deux compartiments d'un train Corail, mon sac de vêtements sales de la semaine sera mon reposoir. Je m'assois par terre et je m'endors sur le trajet de ma migration hebdomadaire…

Lors des grands vols de migration, les oiseaux sont pris d'une véritable frénésie, qui les atteint quelques jours avant le grand voyage. Les ornithologues allemands ont décrit ce comportement comme le *Zugunruhe*, littéralement « l'anxiété de la migration ». Avant le grand voyage, l'oiseau se gave de nourriture : un phragmite des joncs pesant onze grammes peut s'alourdir en quelques jours de l'équivalent de son poids. Et naturellement son instinct d'orientation commence à prendre le dessus dans ses choix de déplacement. L'obsession du voyage devient plus forte que tout. Les premières expériences, au début du XXe siècle, consistent à étudier les comportements d'oiseaux captifs dont les pattes ont été colorées, permettant d'observer le fond des cages : invariablement, dès la fin de l'été, un passereau (qu'il soit traquet, rouge-gorge ou fauvette) se met à arpenter davantage la partie sud de sa cage, délaissant complètement la partie située au nord… L'instinct de l'orientation guide ses pas. Et puis c'est le départ. Rien ne semble pouvoir arrêter les oiseaux. Une tempête de sable lors de la traversée du Sahara, et ce sont des milliers d'hirondelles qui meurent. Coûte que coûte, elles tentent de traverser.

Le chant des grues

L'année de l'internat n'est pas mémorable sur le plan de la qualité de ma prestation au concours d'imitation du Festival de l'oiseau. Je ne m'étais pas trop épanché auprès de mes camarades sur ma passion, et je voyais bien que je ne pourrais jamais m'entraîner la semaine. Il ne me restait que le week-end pour m'exercer, et pour ne rien arranger l'espèce imposée cette année-là est la grue cendrée. L'imitation devait se faire en duo avec un autre concurrent. Reproduire parfaitement le chant de la grue cendrée demande un travail acharné. Pour réussir, il faut inspirer l'air profondément afin d'obtenir un son chanté pur, sifflant comme un coup de trompe dans l'intention, mais sur lequel vient se superposer un roulement de la gorge qui module la note pure. En fonction de l'intention du chant que l'on veut donner, les roulements de la gorge sont plus ou moins prononcés. Bien travaillé, le résultat est magnifique.

Mais le souci, c'est que la voie migratoire des grues cendrées ne passe pas par la baie de Somme, mais trois cents kilomètres plus à l'est, sur la diagonale Metz-Biarritz. Les grues cendrées scandinaves en route vers l'Espagne se regroupent autour du lac du Der-Chantecoq, qui devient à cette saison le lac du Der-Chantegrue…

Vacances de février. Le concours du Festival de l'oiseau approche. J'ai bien un enregistrement de Jean Roché du chant de la grue cendrée sur la compilation en quatre volumes de *Tous les oiseaux d'Europe*, il est sur le disque avec le grand tétras, le disque 2, piste 23, mais il ne dure que 1 minute et 20 secondes, et j'ai l'impression qu'à force de l'écouter j'ai fini par rayer le disque. Il faut absolument que j'aille entendre des grues en vrai… Mon grand-père, qui a un cadeau de Noël en retard, finit par proposer, sur l'insistance de ma mère, de m'y emmener passer la journée. C'est mon grand-père Europe 1. Il a divorcé pour un poste de radio. Où qu'il soit, il a toujours un petit poste allumé avec lui. Il est systématiquement au courant des nouvelles avant tout le monde. Il connaît tout de la politique et sait plein de choses mais il n'a pas le temps d'en parler, car il doit vite aller écouter les actualités…

Quatre heures et trente minutes d'Europe 1 plus tard, je sors de la voiture. Sous mes yeux, le spectacle est merveilleux. Des grues partout dans les champs. Des adultes, plus grands, au plumage gris contrasté et à la nuque de peau glabre et rouge, et les jeunes, plus petits dans leur costume de manant brun sale. L'après-midi, nous changeons d'endroit. Dans le livre

Où voir les oiseaux en France, il est indiqué que le soir il faut se placer sur la digue du lac, au nord-ouest. Ainsi posté, au petit matin ou au coucher de soleil, la féerie doit opérer. Les grues, qui transitent entre leur dortoir nocturne et les champs de gagnage diurnes, nous survolent de si près que dans les jumelles on a presque l'impression de pouvoir les toucher du bout des doigts… Nous sommes bien installés, derrière la voiture, à l'abri du vent. Il fait un froid de canard. J'ai sorti la longue-vue et partout au loin les chants de grue résonnent. Sur un petit lac, un canard plongeur du Grand Nord pêche, c'est une femelle de harle piette. Elle est pas mal, avec sa petite nuque chocolat au lait, ses joues blanches et son corps cendré. C'est la première fois que j'en vois une. Je suis content, mais j'aurais préféré voir un mâle : c'est tellement plus joli, si j'en crois mon livre…

Au loin toujours, les chants des grues se répondent. Peu à peu, cette résonance me pénètre, m'imprime de sa note indélébile. Tel un polyglotte qui perce le secret de la structure d'une langue, je ressens le bain de sons qui opère. La langue des grues entre en moi. Lentement, l'intensité des chants augmente, les premiers vols de retour des champs commencent à arriver. D'abord des petits vols, des petites familles. Je discerne bien les cris de contact des jeunes, une sorte de léger croassement, pourtant à peine audible, et la variété de son et de puissance en fonction des individus. Celui qui ouvre la voie a vraiment le chant le plus puissant de la troupe. Il mène la chorale, et les autres lui répondent. Le spectacle de ce soir va être merveilleux.

Mon grand-père sort de la voiture et m'interpelle. « Allez, Jean, il faut qu'on rentre. À la radio, ils disent qu'il y a des risques de brouillard givrant à l'est et que les conditions de circulation ne sont pas bonnes ce soir. » Je m'exécute à regret, et, alors que je m'assois dans le confortable siège de la R21 gris cendre, je vois par la fenêtre une ligne noire gigantesque qui coupe le ciel comme un couteau. C'est le débarquement des grues qui commence au lac du Der, mais ce soir, sur Europe 1, ils n'en ont pas parlé…

Au retour des vacances, ça chauffe à l'internat. Un externe est allé acheter des paquets de cigarettes pour les revendre à un élève de terminale. Après le dîner, on se retrouve derrière le gymnase pour s'en griller une loin des regards. Le surveillant de nuit ne semble pas faire cas de l'odeur pestilentielle que nous dégageons lorsque nous regagnons nos chambres. Je suis vachement fier parce que j'arrive à ne pas tousser, mais il faut dire que je me suis entraîné avec des branches de clématite. C'est moins âcre que le mégot rouge incandescent qui passe de main en main parmi les internes.

Ce petit manège dure trois semaines mais un soir, de l'autre côté du mur du gymnase, nous entendons hurler nos noms un à un. Misère, c'est Hitler ! Hitler, c'est le surveillant du lycée. Il a gagné son surnom le jour où il avait refusé d'ouvrir la fenêtre de la salle d'étude pour aérer alors qu'une boule puante y avait été jetée. Notre surveillant de nuit est malade et c'est celui de jour qui le remplace. Nous voilà tous attrapés. Fin de la partie. Le lendemain matin, la sentence tombe dans le bureau du conseiller d'éducation : tout l'internat est puni. Nous serons collés le premier week-end des vacances. Nous devrons rester les nuits du vendredi, du samedi et du dimanche, et nos parents viendront nous récupérer le lundi matin. Hitler nous promet quelques travaux de peinture et de réfection. La misère… Je vais me faire tuer… Nous avons un papier à faire signer aux parents, qui explique le déroulé des opérations et le motif de la colle générale. Je sais déjà imiter une centaine d'oiseaux, j'apprends vite à imiter une signature…

À deux jours de la sentence, tandis que nous courons autour des allées de tilleuls pour tenter d'entrer dans les minima de la qualification pour le cross interdistrict, je vois arriver la voiture du conseiller d'éducation. Un petit utilitaire blanc comme les campagnes en comptent tant et qui détonne sur le parking des professeurs de cet établissement scolaire de ville. À la fin du cours, discrètement, je m'approche du véhicule et là, miracle, sur la lunette arrière je repère un autocollant avec une perdrix grise dans des chaumes. Le conseiller d'éducation est donc chasseur. Forcément, il doit connaître le Festival de l'oiseau, qui est coorganisé avec les chasseurs de la baie…

Le vendredi matin, après une longue nuit agitée, je décide d'aller voir le conseiller d'éducation à la pause de 10 heures. Il faut absolument que je rentre chez moi ce soir, car mes parents ne savent rien de la punition. Je plaide ma cause : « Vous vous rendez compte, si je ne fais pas le Festival de l'oiseau samedi soir, que va dire le public ? Que c'est la faute du collège et de son conseiller d'éducation ! »

Le conseiller est bien embêté. Une semaine plus tôt, un journaliste du *Courrier picard* est venu chez moi pour m'interviewer. L'article, une pleine page, a raconté comment je me préparais pour l'événement à quinze jours du concours. Il a été photocopié et affiché partout dans le collège, même en salle des profs, par M. Nosal, pas peu fier en la circonstance d'être mon professeur… « Et puis, cette année, ça fait plus d'un an que je m'entraîne à faire le cri de la perdrix grise pour le concours ! » En fait, c'est la grue cendrée, mais on n'est pas à une nuance de gris près pour sauver sa peau… Voilà que je me lance dans une imitation du cri du coq de perdrix grise qui rappelle sa compagnie au soleil couchant. L'œil du conseiller d'éducation brille puis faiblit. D'un seul coup, il n'est plus dans son bureau mais derrière son épagneul breton, dans un champ de betteraves… Je lui refais quelques chants de perdrix au loin. Je crois que, de ma vie, je n'ai jamais aussi bien imité la perdrix grise… Et je lui assène le coup de grâce : « Pour vous, c'est un peu comme si je vous interdisais de participer au jour de l'ouverture ! » J'ai touché dans le mille. Il regarde son sous-main comme une boule de cristal : « D'accord, d'accord, vous n'êtes plus collé, mais par contre vous me faites le plaisir de gagner le concours. »

Depuis le train bondé qui emmène la zone B passer les vacances de printemps sur le littoral de la Manche, de Noyelles-sur-Mer à Calais, je regarde les paysages des marais picards défiler longuement à travers la vitre. Demain, ce sera bien le premier jour du Festival de l'oiseau, mais le concours ne sera que le samedi suivant. J'ai une petite boule au fond de mon ventre.

C'est pourtant ma saison préférée, les saules marsaults ont fini de fleurir les marais de leurs pompons jaunes étincelant et laissent place aux aubépines qui se couvrent de feuilles puis de fleurs blanches immaculées. Aux portes de mai, une odeur bien particulière inonde les chemins, au fur et à mesure que la floraison avance. J'y reconnais un mélange de poisson avarié et de miction féline... Un jour, j'ai appris au détour d'un chemin entre Saigneville et Boismont le nom de cette fragrance bien particulière, de la bouche d'une mamie qui promenait son chien : « Vous sentez cette odeur ? C'est l'odeur des langes de Jésus ! »

En tout cas, moi, je ne suis pas un saint... Mes camarades sont collés alors que j'ai été libéré grâce à une excuse fallacieuse. Je porte ma couronne d'épines tout le week-end... Samedi je m'ennuie. Dimanche pas mieux. Je me demande ce que font les copains. Nous sommes à quelques jours du concours mais je n'ai pas grand entrain. Pour couronner le tout, les premières cigarettes fumées en cachette affectent la qualité de ma voix.

Au programme du concours : merle noir, grue cendrée et goéland argenté. Je suis assis dans la salle, attendant le tirage au sort des ordres de passage. L'organisation, à la recherche de nouveauté, a imposé des duos pour l'imitation de la grue cendrée. Johnny ne me regarde pas, il semble vouloir s'associer au tcho Houard de Ribeauville. En revanche, un pêcheur à pied d'une vingtaine d'années, Cyril, du Crotoy, me fait les yeux doux. Je le connais depuis quelques années. Il siffle les oiseaux de la baie. Il est toujours dans le ventre mou du classement. Comme je ne l'ai jamais vu faire un autre oiseau, je crains que pour imiter le cri de la grue cendrée il ne puisse pas m'aider. Je m'aperçois que les duos semblent s'être formés en amont, des paires de Crotellois, de Valericains et de Cayolais…

J'interpelle Cyril :

« Tu sais faire la grue ?

– Pas la Poclain ! » s'esclaffe son voisin de table, valericain, hilare de sa propre blague. Le sujet est bien trop sérieux pour que j'esquisse un sourire.

« Euh bof… me répond Cyril.

– Tu fais quand même un peu le chant et les roulades ?

– Non, c'est pas terrible… Mais avec toi on va y arriver.

– OK, on se met ensemble. Je vais t'expliquer ce qu'on va faire. »

Discrètement, je lui présente ma potion magique : une bombe de peinture rouge spéciale cheveux que j'ai fait acheter par un externe dans un magasin de déguisements à Amiens. Elle est un petit peu trop vermillon par rapport à la couleur de la nuque de la grue cendrée, mais avec les éclairages du théâtre, ça devrait être parfait.

Cyril me regarde, éberlué.

« Oui, oui ! Je suis sûr de moi. Écoute, nous sommes le cinquième duo sur sept. Dès que les duos commencent, on file aux toilettes et on se colore la tête en rouge pour être de véritables grues cendrées. Tu verras, ça va faire un effet terrible. »

Et nous voilà tous les deux dans les toilettes de l'hôtel de France. Deux clients entrent tandis que j'explique à Cyril la parade des grues cendrées : celle que j'ai vue au lac du Der quelques semaines auparavant, et dont j'ai lu la description dans *Le Monde des oiseaux* de Les Line et Franklin Russell.

« D'abord on marche l'un à côté de l'autre. Je fais le mâle, *grrrrruouuuu*, qui chante, désintéressé, et tu me réponds. Vas-y, réponds !

– T'es sûr ?

– Oui ! Allez, réponds !

– *Krouirouickkkr !*

– Heu, bon, alors non, finalement, ne réponds pas. Je chante, tu continues de marcher et soudain, lorsque je module dans le grave, tu te retournes vers moi d'un pas léger, en sautillant la tête basse, et tu t'approches de moi. Lorsque tu es à un mètre, tu te redresses. OK ? On se fait face ailes ouvertes, heu, bras ouverts, et on chante ensemble à fond. Chante aussi, mais pas trop fort. Roule juste ta gorge. Mais jamais plus fort que moi. Tu fais la femelle, d'accord ?

– T'es sûr ? »

Après une répétition laborieuse, nous voilà enfin sur scène… et notre danse des grues est élue meilleur duo ! La mise en scène… Je le savais ! Je suis fou de joie. 2 000 francs à se partager, 1 000 francs chacun. Remise du trophée, applaudissements. Nous refaisons notre duo… Finalement, Cyril devient très convaincant en femelle de grue. Huit cent cinquante personnes qui applaudissent à tout rompre. La salle s'éclaire, nous saluons… Je blêmis : là, au cinquième rang ! Je l'ai vu ! C'est le conseiller d'éducation du collège qui est assis à côté de sa femme. À peine le temps de le voir que la lumière du public s'éteint. Il m'a bien semblé que c'était lui… Pas de temps à perdre. Ressortir des coulisses, récupérer ma famille et partir les premiers pour ne pas risquer la fatale rencontre. Je ne sais quel prétexte j'ai inventé, mais cette année nous n'allons pas à la réception du maire d'Abbeville, qui invite les gagnants du concours autour d'un gâteau battu, la spécialité locale.

Dans la voiture, en route vers Arrest, je ne parle plus. Je suis abattu…

Les couilles au poteau

Fin des vacances. C'est avec une certaine appréhension que je reprends le train vers le collège ce lundi matin, mais ma crainte est vite dissipée. Tout est comme avant. Je pose des questions aux trois internes de ma classe pour savoir comment s'est passé leur week-end de colle, mais en vain. Ils restent évasifs. Au mieux, j'ai le droit à un « ça a été ». J'ai mille questions : qu'ont-ils fait ? qui les a surveillés ? Rien, je ne saurai rien. Au repas du soir, avec tous les internes, je retente ma chance, demande de nouveau qu'ils me racontent leur dimanche au collège, mais ne reçois aucune confidence. Comme à notre habitude, nous regagnons ensuite le gymnase pour notre dernière demi-heure dans la cour.

Je suis le groupe. Soudain, sans que je comprenne pourquoi, tous les regards se tournent vers moi, me voilà encerclé. Mes compagnons de chambrée se jettent sur moi. Ils sont trois, ils sont cinq, ils sont dix. C'est la curée devant chez monsieur le curé. Je suis une proie sans ailes, qui se débat en vain. Pris, résigné tel un moineau dans les serres de l'épervier, j'attends mon destin.

Si les oiseaux de proie sont plutôt des chasseurs solitaires, en Amérique du Sud une espèce de buse, la buse de Harris ou buse du Mexique, s'est fait une spécialité des chasses de groupe. Un groupe de cinq à sept oiseaux chassent ensemble dans la steppe, ce qui leur permet d'être plus efficaces sur des proies plus grosses qu'eux. Les oiseaux rabatteurs délogent les proies qui verront surgir sur eux les oiseaux chargés de l'exécution. Ces buses sont très appréciées par les fauconniers qui peuvent enfin faire voler plusieurs oiseaux ensemble, en particulier lors de leurs actions d'effarouchement, qui deviennent bien plus efficaces. Comme les autres espèces européennes, le gerfaut captif a tôt ou tard tendance à exécuter son voisin de bloc[1] si ce dernier est plus petit. Et un effarouchement à plusieurs espèces se termine vite en pugilat des oiseaux de proie.

Porté par les jambes, les bras écartelés, la tête vers le ciel, je sens qu'on me déplace vers les poteaux du stade. Je hurle tant que je peux : « Non, pas ça ! »

Commence le supplice des couilles au poteau. Je ne sais pas combien de temps a duré le calvaire. Au rythme d'un rameur de galère, mon entrejambe vient se fracasser sur le montant métallique. On me recule d'un demi-mètre et rebelote, dans une accélération

1. Nom du perchoir en bois utilisé par les fauconniers.

soudaine mes choses s'abattent sur le métal impitoyablement dur. Après de nombreux allers-retours qui, à chaque secousse, rigidifient mon corps électrocuté de douleur, mon chemin de croix se termine par un mouvement de rotation autour de la potence, qui a pour effet de couper net ma respiration.

Les oiseaux, eux, disposent de gonades internes. Il est donc parfois impossible de reconnaître le sexe d'oiseaux immatures ou qui n'ont pas de caractères sexuels secondaires – comme des plumes colorées, des crêtes, un chant particulier. En témoigne l'épisode fameux de la réintroduction d'un couple reproducteur de gypaètes barbus dans un massif français, dont on ne comprenait pas qu'il soit si peu prolifique jusqu'à ce que, cinq ans après la réintroduction, les ornithologues se rendent compte qu'ils avaient lâché deux mâles… Chez les oiseaux, seule la partie gauche de l'appareil génital de la femelle se développe. La partie droite va progressivement s'atrophier. L'appareil reproducteur du mâle comme celui de la femelle sont sensibles aux saisons. À la période des amours, leur volume augmente d'un facteur dix à vingt pour la femelle et d'un facteur de cent à trois cents pour les mâles.

Seul sur le terrain, je reprends peu à peu mes esprits. J'arrive à peine à monter les escaliers pour regagner ma chambre. Je passe devant la porte du surveillant de nuit, il m'ignore… J'aurais pu crier longtemps. J'avais passé un week-end à rêver d'être avec eux, tandis qu'eux l'avaient passé à projeter de me détruire. Le lendemain tout est fini, on me parle normalement, je fais de nouveau partie du groupe. Alors je garde mon secret, mon secret de chaponné…

Le rossignol et l'empereur

Ce samedi midi, un grand repas est organisé à la maison. Une fois de plus, mon père a décidé de m'exhiber devant ses amis. Il tente de me faire sortir de ma chambre.

« Johnny !… Johnny ! »

C'est ainsi qu'il commence sa stratégie pour me faire descendre de mon perchoir.

« Johnny, descends, y a Michel qui est là, il a un truc à te demander ! »

Je sais bien que Michel n'a aucune question à poser, mais juste envie de voir la bête curieuse qui parle aux oiseaux.

Enfermé dans ma retraite, je refuse d'être un canari, un rossignol de Chine à qui l'empereur demande de chanter dès qu'il le souhaite. Cette fois-ci, le manège va durer une vingtaine de minutes, cinq de plus que la dernière fois. Je descends enfin discrètement de ma cage, espérant que l'ami est parti, pour éviter de faire l'oiseau savant. Encore quelques marches, je me faufile vers la porte d'entrée sans être repéré… Oh non, elle est fermée à clé !

Le piège a fonctionné, me voilà pris. Mon père, les yeux en amande, me cueille et me supplie de le suivre dans le salon. La scène est ridicule, pathétique, entre un père et son fils adolescent qui renâcle. Mais je suis bien forcé d'accepter, et le numéro démarre comme d'habitude : les limicoles, les canards, les passereaux… Par respect pour le public du jour, je reste poli et agréable. Je ne peux faire autrement que de jouer le jeu.

Le rituel est immuable. Tous les quinze jours je régale les amis de la maison Rasse, entre le faisan rôti et l'île flottante. Mon père s'improvise en maître de cérémonie et énumère la liste des oiseaux. La maison se transforme en un cabaret grotesque réunissant les amis de mon père, souvent chasseurs. Le bouche-à-oreille opère, et de plus en plus de monde se retrouve chez nous, pour le plaisir de voir l'homme-oiseau.

Une fois le spectacle terminé, je ne mange pas. Je quitte la scène. Je suis vidé. Durant ces années, il y a peu de samedis midi où je peux déjeuner, insouciant et détendu. Je suis devenu une marionnette, un rossignol mécanique que mon père actionne pour ses amis, éclipsant de plus en plus l'enfant heureux que j'étais.

Année du brevet, passage au lycée, et pour la dernière fois, concours du Festival de l'oiseau dans la catégorie des moins de seize ans, avec une nouvelle technique directement inspirée de Zorro. Le sifflement sans les doigts me fait atteindre des aigus insoupçonnés.

Cette fois-ci, je me lâche. Au menu : alouette des champs, pinson des arbres et merle noir. J'ai pris les devants, envoyant mon inscription et mes choix avant que mon père ne le fasse. Pas un seul oiseau de la baie de Somme ne sera dans ma liste, comme un pied de nez au berger.

Quant à Jean, il est passé de l'autre côté. Il ne relève plus du festival, mais du concours général. Ayant plus de seize ans, il postule pour la première fois à la victoire finale.

Il a changé physiquement : toujours très gauche, il est devenu très grand, et un peu de moustache est apparue au-dessus de ses lèvres. Dès que je le croise, il se racle la gorge. Il a un problème ou il me cache quelque chose, je le sens. Il m'évite au maximum, me parle très peu, d'ailleurs il ne parle à personne. Comme s'il fallait éviter le contact avec les autres pour garder son nouveau secret.

Nous sommes huit concurrents dans le concours des jeunes, douze dans l'autre. Le directeur m'a confié qu'il était difficile de trouver des candidats à cause du niveau que nous imposons avec Jean : les nouveaux ont peur de se ridiculiser… Il ne faudrait pas que cela devienne la démonstration de Jean et Johnny.

Denis Cheissoux est de nouveau à la baguette, le concours est lancé. Je me présente en cinquième position. Ma technique est virtuose, j'en profite pour faire quelques acrobaties sonores très aiguës avec l'alouette des champs. La contrainte de ma nouvelle technique me fait aussi déraper. Mon sifflement n'est pas aussi maîtrisé qu'avec les doigts. Mais le potentiel que j'entrevois est infini, avec une grande liberté et une vélocité extrême. Je peux désormais atteindre la sphère des petits passereaux – je m'imagine déjà avec les fauvettes à tête noire, les pouillots véloces et autres accenteurs mouchets. Le public est ébahi par cette nouvelle proposition.

Jean passe en dixième position, il est tendu, je le vois aux veines de son cou, et il avale à longueur de temps sa salive. Il paraît malade. Le voilà face au micro. Il a décidé d'imiter un oiseau inconnu mais légendaire, le graal de tous les ornithologues des roselières. Cet oiseau, que l'on nomme sans jamais le voir car bien trop furtif et très craintif, est la gorgebleue à miroir. Par ce choix, Jean cherche la reconnaissance suprême des naturalistes présents dans le festival : Guy Jarry, Jean Dorst ou Philippe Carruette. Il s'illumine dès qu'il peut côtoyer les grands noms de l'ornithologie.

Le sifflement de la gorgebleue est un peu maladroit, insipide, brouillon, sans densité, une sorte de gazouillis d'hirondelle en détresse. Jean s'imagine posé au bout d'un roseau, sortant la tête et montrant son plastron bleu, mais aussitôt vu, aussitôt disparu, le voici qui s'avachit sur ses grandes jambes et s'écroule pour finir la phrase gazouillante de l'oiseau. Plus l'imitation s'éternise, plus la ressemblance est frappante. La gorgebleue, comme Jean, est fragile, gauche, vivant cachée avec ses pattes fines et longues, mais si fière de sa gorge d'un bleu azuré intense et aveuglant.

Ce soir le public reste coi, sans réaction... personne ne connaît la gorgebleue. Un grand vide s'installe, tout le monde semble gêné par cette prestation précise, mais qui ressemble à une disgrâce. Décontenancé, Jean se recule avec le regard baissé, lorsqu'une voix lance un « Bravo ! » très sonore, brisant le silence de plomb, comme pour dire « Vous n'avez rien compris ! ». C'est Guy Jarry lui-même. La seule approbation de ce grand spécialiste, malgré ce public inerte, rend soudainement le sourire à Jean, heureux d'être adoubé, à l'aube de ses dix-sept ans, avec une gorgebleue sur un roseau, imitée à la perfection.

Avec cette prestation Jean nous interroge sur le chant d'oiseaux et l'amour, la fascination qu'il nous inspire, sur la place du public face aux imitateurs. Faut-il que nous soyons uniquement agréables ou pouvons-nous imiter des chants plus disgracieux ? Dans les grandes œuvres de musique, la disharmonie, la dissonance existent. Les oiseaux n'échappent pas à la règle, et le cri rauque d'un héron cendré ou d'un vautour fauve s'oppose à celui, virtuose, d'un rossignol philomèle ou d'un merle noir.

En ce soir d'avril, Jean nous rappelle cette opposition et nous dit que le goût, le plaisir, le besoin de plaire ne doivent pas nous détourner d'un chemin de vérité. La sincérité d'un chant d'oiseau est aussi contenue dans ses dissonances apparentes.

Pour mon deuxième passage, je m'en remets au maître des jardins et des parcs, au chant cyclique, à la ritournelle éternelle, capable de passer d'un crescendo à un decrescendo rapide et continu. Le mâle de pinson des arbres est l'oiseau musical par excellence, son chant, reconnaissable entre tous, est rapide, fort, virtuose. Personne ne peut l'imiter, ni Zorro, ni Jean, ni qui que ce soit d'autre. Je suis ainsi le premier à m'aventurer sur ses traces.

L'exécution consiste en deux saccades rapides, l'une partant d'abord vers les aigus, la seconde finissant dans les graves, telles deux décharges électriques. Comme si ce petit oiseau d'une vingtaine de grammes avait gardé trop longtemps l'air dans ses minuscules poumons gonflés. Le passage entre ces deux saccades est délicat mais maîtrisé, ce qui n'est pas du tout le cas de la fin du chant, que j'invente à chaque fois. Impossible de me souvenir de ces fichues dernières notes.

La fin de sa mélodie est une énigme ornithologique qui n'a été élucidée qu'il y a peu. Les pinsons des arbres possèdent un accent défini par leur territoire, qui diffère selon leur région de naissance et qui se retrouve dans cette fameuse fin de phrase. De grandes disparités existent entre le chant du pinson du Nord de la France et celui du Sud. Je table sur le fait que l'hésitation dans mon imitation reflétera la disparité des régions d'origine. La puissance de mon chant et les acrobaties virtuoses de mon pinson emballent l'assistance au point que je suis interrompu par l'ovation générale.

C'est au tour de Jean qui, contrairement à son habitude, a placé son cri de goéland argenté en deuxième position. Il avance face au micro avec une certaine fébrilité. Il étend les bras et lance son cri habituel. Mais la note que le public espère se brise comme du verre. Le cri pur et cristallin attendu est entravé par de petits grains de sable grattant au fond de la gorge de Jean, qui détourne la tête pour se cacher. Je croise son regard, ses yeux se remplissent de larmes. Il se lance dans une seconde tentative. Le cri est plus sonore et très volontaire, les grains semblent se diluer dans l'énergie déployée mais ils sont toujours présents. Jean est malade, sa voix est abîmée, l'éclat d'antan s'est estompé… Et même si les miaulements caractéristiques des cris de contact semblent faire illusion, la clameur des goélands sur le chemin de l'école n'est plus que le vague souvenir d'une enfance disparue. Jean décide d'abréger sa souffrance, il recule en implorant des yeux le public de lui pardonner. Celui-ci, heureux d'avoir eu son goéland habituel, l'ovationne, ne se doutant pas du drame qui se joue en coulisse.

Jean s'assoit à mes côtés, attendant l'ultime passage. Il essaie de me dire quelque chose avec les mains, mais je ne comprends pas. Il me chuchote alors à l'oreille, presque aphone :

« Je ne peux plus ! C'est fini ! »

Je lui réponds :
« Mais non, les gens sont avec toi ! »
Il me coupe aussitôt :
« Tu comprends rien, je mue, c'est fini ! »
C'est ainsi que le monde de notre enfance, peuplé de goélands voltigeant comme des cerfs-volants dans un paradis entre la baie de Somme et l'Avalasse, s'est effacé d'un coup et à tout jamais dans les grands yeux bleus de Jean, encore humides de sa chute en plein vol. J'aurais voulu lui dire que ce n'était rien, que ça irait, que tout reviendrait. Mais lui, accroché désespérément à sa voix d'enfant, luttait contre vents et marées, essayant de retenir ce qui n'était déjà plus, s'exerçant des heures et des heures, affolé à l'idée de perdre son oiseau, son existence, et tout ce qu'il avait pu être.
Le troisième passage approche. Jean est vidé, exténué, la tête baissée, il fixe des yeux un bout de parquet de la scène, comme pour s'évader dans des songes perdus.
Le numéro 10 est appelé une première fois, Jean ne réagit pas. Puis une seconde fois, et je suis obligé de lui donner un coup de coude pour le sortir de sa torpeur.
Il lève la tête, s'avance machinalement, comme un condamné vers son destin. La scène est souffrance. Jean s'approche du micro, l'agrippe, s'y accroche et, à bout de forces, lance un cri.
Une note, tendue et infinie, qui saisit le public d'effroi. Le chant immémorial de l'angoisse se déploie

puissamment dans la gorge incandescente de Jean. Depuis les ombres et les ténèbres d'une nuit d'avril, Jean hulule dans sa sombre forêt. Je reconnais les chouettes lançant leur cri, tard le soir, dans la vallée de notre enfance. Un miracle. Jamais je n'ai entendu pareille imitation : le vibrato que Jean utilise est surnaturel. Une chouette hulotte est entrée dans le concours et, de son vol silencieux, le rapace cherche sa proie. Son appel à la nuit, long et tenu, empêche le public de respirer, le chant est si réel que chacun se fige, de peur d'être repéré.

Malgré la cruauté de sa mue, Jean a su renaître des cendres de son goéland argenté. Il invite le public à entrer dans le monde de la nuit. Observant son corps et sa respiration, je remarque qu'il ne chante pas en expirant, mais en inspirant. Au début de chaque complainte, il vide tout l'air de ses poumons pour inspirer fortement et déclencher son chant. Je vois son ventre et son sternum se creuser, en miroir inversé du chant du goéland, lui ouvrant de nouvelles perspectives, de nouveaux aigus. Le corps de Jean change, et avec lui ses oiseaux prennent un autre ramage.

La mue

La chasse aux œufs de Pâques dans un jardin, même si elle ne dure que quelques instants, fait partie des joies inoubliables de l'enfance. Pour moi, celle de trouver au sol des plumes d'oiseaux apporte un plaisir sans pareil. On peut parfois découvrir des rémiges, les longues plumes rigides qui servent au vol. On trouve aussi les rectrices de la queue qui forment le gouvernail et les tectrices ou plumes de couverture qui, à la façon des ardoises, recouvrent l'oiseau. Tel un détective, je cherche à quel oiseau la plume trouvée a pu appartenir. Dès la fin de l'hiver, en toute discrétion, l'oiseau se débarrasse d'un nombre incalculable de plumes duveteuses et blanchâtres qui correspondent à sa couche d'isolation thermique. Les plumes colorées sont les plus recherchées, mais l'oiseau ne les perd qu'à l'achèvement de la saison de reproduction.

La mue est indispensable pour le renouvellement des plumes abîmées par le temps, les embruns et les accidents de voyage. Si la collection se fait plume par plume, il est évident que certaines découvertes enrichissent d'un coup le trésor. Par exemple quand on trouve sur le bord d'une route une chouette écrasée ou une mésange à demi dévorée par un épervier.

La plume est au plumage ce que la pierre est à la cathédrale. Un élément de base qui, combiné aux autres, offre toutes les possibilités architecturales. La plume tient du génie de la nature. En observer une est source d'émerveillement : sa légèreté, sa solidité, ses couleurs, ses irisations, son imperméabilité… Douce dans le sens de l'écoulement de l'air, rêche à rebrousse-plume. Tenue entre le pouce et l'index, du haut vers le bas ou en soufflant fort, elle s'ouvre et laisse découvrir son architecture répétitive de centaines de barbes et barbules qui s'accrochent les unes aux autres, multipliant à l'infini la cohésion de l'ensemble.

Au cœur du plumage, on retrouve des plumes fines sans barbules, les filioplumes. Elles ressemblent davantage à des poils, à l'instar des moustaches du chat, et renseignent en permanence l'oiseau sur la position de ses ailes et de son corps dans son environnement. Je me souviens, à la ferme, des filioplumes du poulet, que Monique brûlait sur le gaz et dont l'odeur soufrée emplissait la cuisine pour quelques heures. Odeur de poil grillé qui d'un seul coup nous fait plonger dans le grand bain primitif de notre constitution commune d'êtres vivants. Comment une protéine soufrée, la kératine, de la même famille que celle de nos cheveux ou des griffes d'un lion, peut-elle s'assembler en des structures aussi diversifiées, et aussi colorées, dotées de tant de fonctions différentes ?

La plume, c'est aussi le talon d'Achille de l'oiseau. La moindre anicroche peut provoquer sa fin. Lorsqu'un guillemot se retrouve par exemple avec le plumage englué par le dégazage d'un navire au large, sa vie est compromise…

Si c'est la plume d'un jeune oiseau que l'on trouve, alors on s'imagine l'oiseau qui perd progressivement ses plumes juvéniles pour, plume après plume, devenir adulte.

Mais la mue sert aussi à montrer au partenaire l'acquisition de la maturité sexuelle. Il existe des oiseaux avec un plumage neutre durant leur immaturité, ce qui diminue l'intérêt des adultes pour ces individus et évite tout comportement agressif ou sexuel envers ces juvéniles.

Les années passant et les plumes de maturité apparaissant, peu à peu le comportement des oiseaux entre eux va changer. C'est le cas du goéland argenté. D'abord appelé grisard lorsqu'il quitte le nid, il lui faudra presque quatre ans et six mues plus ou moins complètes pour acquérir son manteau d'adulte.

Les mâles ont souvent une livrée plus chatoyante que celle des femelles qui ont charge d'incubation. Lorsqu'elles doivent couver, elles deviennent des proies faciles sauf si elles sont rendues invisibles par un plumage camouflage, dit « cryptique ».

Chez les phalaropes, des limicoles du Grand Nord, c'est la femelle la plus colorée parce que c'est elle qui, après avoir pondu, laisse au mâle le soin de couver et d'élever les poussins. La nature nous offre un grand panel d'adaptations et de comportements.

J'ai mué moi aussi. Impossible de me rappeler quand précisément. La mue est arrivée insidieusement, comme la marée monte dans la baie embrumée, invisible, sournoise, irrémédiable. Après quelques signes avant-coureurs, l'onde inéluctable a monté. Les quelques poils autour de la bouche ont foncé jusqu'à ce qu'une petite poitrine hyper douloureuse commence à saillir. Ça passera, a dit le docteur. Mais ce n'est qu'une étape, et dans ma gorge, les oiseaux s'en sont allés eux aussi pour une migration sans retour. Orage d'hormones…

Sur moi aucune plume chatoyante n'apparaît, ni panache, ni ocelles, ni miroir… Alors je me bats contre l'homme que je ne veux pas tout de suite devenir. Protéger ma voix et les oiseaux que je ne veux pas perdre. Pourtant, la testostérone fait ses ravages et l'aigu disparaît dans un déraillement qui fait sourire et m'inflige une humiliation suprême lorsqu'on me le fait remarquer. Je tente bien de travailler d'autres techniques de sifflement, mais rien n'y fait…

Et puis, je ne sais pas comment cette idée m'est venue mais j'ai finalement trouvé la solution : utiliser le cheminement de l'air dans le sens inverse. Plutôt que d'expirer, je tente d'inspirer, ce qui baisse d'une octave le son qui sort des cordes vocales. Tous les cris prenant leur source dans une expiration sont possibles sur une inspiration. Il suffit de bien se contracter pour ne pas tousser, car aspirer violemment l'air par la bouche pour produire un son est une sensation très désagréable. Le chant sort presque comme avant, avec légèrement moins d'intensité, la puissance d'expiration étant plus forte que celle d'inspiration.

J'ai même pu améliorer des chants, comme le hululement des chouettes hulottes. Avec le trémolo, en faisant vibrer la base de la langue. Ou le magnifique roucoulement de la tourterelle des bois. Ma collection de chants d'oiseaux pouvait continuer. Quant à ma collection de plumes, je l'ai retrouvée il n'y a pas si longtemps lors d'un déménagement… Je me demandais justement à quel ornithologue en herbe je pourrais bien l'offrir. Lorsque j'ai ouvert le carton, ce n'était plus une centaine d'espèces volantes qu'il contenait mais une seule : le dermeste. Un insecte qui se nourrit des productions épidermiques, et qui avait transformé ma collection en poussière de plumes…

L'usurpation

Rentrée scolaire dans mon nouveau lycée. Mes parents décident de miser sur moi comme on mise sur un cheval. Direction le lycée Saint-Pierre d'Abbeville, juste à côté de l'hôtel de France. Sur les conseils avisés de professeurs et de proches, je bascule du public au privé catholique. Je suis doué à l'école, mais beaucoup trop influençable. Ma curiosité m'entraîne vers les cancres comme vers les premiers de la classe dès lors qu'ils sont passionnés, que ce soit par les tracteurs, le sport, l'histoire, le théâtre ou les arts plastiques. Et me voilà aussitôt inscrit aux clubs d'échecs et de handball, représentant du collège au cross académique, dans un grand écart qui soude les bonnes et les mauvaises relations. Bref, je suis comme le boxeur du Tréport qui attire dans son sillage les insolents et les écarts de conduite…

Pour mes parents, ce lycée doit me sauver de l'ensablement. Le brevet en poche, j'intègre donc l'internat de Saint-Pierre, son parc de verdure et son enceinte murale de trois mètres de haut. Avec des fils de médecins, beaucoup de fils de médecins, des fratries entières de fils et filles d'avocats. Le monde des notables se croise dans les chambres de bonne d'Abbeville.

Chaque retour à la maison creuse le fossé entre le monde du lycée et celui de la campagne arrestoise. Je découvre les codes de la petite bourgeoisie. J'apprends à argumenter, à me défendre avec les mots et à perdre l'accent qui marque mon origine sociale. L'internat, le regard des autres, la difficulté à se faire accepter… Je ne dis mot sur mon secret d'oiseau. Je refuse d'échanger au lycée sur le métier de mes parents, leurs goûts et leurs passions, de peur d'être moqué. Je m'invente même un père dirigeant d'une grande entreprise. Mes vêtements changent, leur prix aussi. Mes parents se saignent pour payer l'école et l'internat. Je comprends que le football n'est pas en vogue, la pétanque non plus, encore moins l'ornithologie ou l'amour de la nature et de la terre.

Le mercredi, nous nous retrouvons dans de grandes maisons bourgeoises à discuter golf, natation et musique. Et le vendredi soir je guette la sonnerie, ma valise en cuir à la main. Loin du cortège des grosses cylindrées, ma mère attend à l'écart dans sa petite Renault – la folie de mon adolescence lui impose de rester cachée. Les week-ends arrestois sont d'un ennui terrible. Aucun échange entre jeunes. La seule distraction, c'est l'abribus en bas de chez moi, qui se transforme en bar à bière pour les moins de dix-huit ans. J'y descends le sifflet aux lèvres et mon ballon de football dans les pieds. Mais plus personne ne veut jouer, les copains d'enfance sombrant doucement dans le goulot des bouteilles. Or je ne bois pas une goutte d'alcool. Je réserve mon gosier aux oiseaux et mon corps au sport. Dans ma chambre, je me plonge dans mes devoirs en écoutant une tourterelle turque posée sur le toit du voisin, marquant un samedi qui passe.

Le lendemain, nous sommes éliminés de la coupe Gambardella par l'Amiens SC. Le lundi matin, encore sonné par la défaite, j'entame la journée en priant pour éviter le cours de maths. À 16 heures, la professeure arrive, pimpante, un grand sourire aux lèvres, ravie sans doute à l'idée de nous martyriser. Mais, au lieu de démarrer par les exercices faits à la maison, à la surprise générale elle me demande de me lever et s'exclame : « Vous devriez être tous fiers d'avoir Johnny Rasse dans votre classe. Savez-vous que votre camarade est capable de parler aux oiseaux ? C'est M. le directeur qui me l'a dit. Il connaît très bien le Festival de l'oiseau. Johnny, peux-tu nous faire une démonstration ? »

Je connais ses liens étroits avec le directeur. Sans trop réfléchir, je réponds du tac au tac : « Demandez à M. le directeur : il paraît qu'il fait très bien le coq. » Toute la classe éclate de rire, le visage de la professeure vire à l'écarlate. Elle demande froidement au délégué de la classe de m'accompagner au bureau du directeur. Je vais devoir lui répéter ma réplique…

Nous attendons une heure devant la porte du bureau en scrutant les moulures du plafond et la copie d'un Brueghel qui représente la chute d'Icare. La porte du bureau s'ouvre enfin. Ma mère est assise en face du bureau style Louis XVI.

« Pouvez-vous nous expliquer la raison de votre insolence ? » commence le directeur. Je réponds sans hésiter : « Je n'ai insulté personne, monsieur. Le coq est un oiseau sublime, au plumage en panache et au chant divin. » Ma mère me pousse du coude pour m'arrêter, mais le directeur lui fait signe : « Non, laissez-le faire. »

Je me lève et je mime les protagonistes d'une basse-cour : les poules, les dindons, les pintades, etc., je termine avec le coq bankiva, un oiseau originaire de Papouasie-Nouvelle-Guinée et ancêtre du coq de basse-cour, puis j'explique que les noms d'oiseaux ne sont pas des insultes. À mes yeux, si j'associe le rôle du directeur à celui du coq, c'est parce qu'il veille au bon fonctionnement de la volière du lycée. D'ailleurs, chaque professeur est un oiseau. La prof de français est une perruche avec son nez un peu crochu et sa voix stridente. Celui de physique-chimie est un héron, avec ses trois épis impossibles à dompter à l'arrière du crâne. Je passe en revue tout le corps enseignant du lycée et passe évidemment sous silence les ébats sexuels du coq. Le directeur, ébahi par mon savoir et mes performances, est calmé, il promet à ma mère de venir me voir au prochain Festival de l'oiseau. Il me raccompagne même jusqu'à ma classe, en traversant le parc du lycée en pleine récréation. Ma réputation est faite : je deviens le petit nouveau qui a insulté le proviseur en plein cours de mathématiques… Le soir venu, tous les terminales défilent dans ma chambre pour commenter le miracle. Certains passages sont amplifiés, mais heureusement tous oublient le point de départ, le moment où la prof de maths m'a demandé d'imiter un oiseau !

Je suis soulagé : on n'imite pas un oiseau dans une salle de classe, mais sur la scène du théâtre d'Abbeville. Et cette fois, je suis persuadé que ce sera mon année. Jean a gagné le concours précédent, il ne sera donc pas candidat. Le proviseur sera dans la salle, fier… comme un coq. Alors c'est moi qui ferai la une du *Courrier picard* avec la statuette des fous de Bassan entre les mains…

J'ai gagné !

Mon rêve est enfin réalisé : j'ai gagné le concours du Festival de l'oiseau. Je tiens enfin dans mes bras le trophée suprême, la fameuse statuette en pierre qui représente deux fous de Bassan, bec contre bec, paradant. En réalité, cette scène d'accouplement est impossible à observer en baie de Somme, car le majestueux oiseau ne vient y pêcher qu'au large – ou s'y échouer misérablement, victime d'un dégazage. C'est pourtant cette icône qui est remise, depuis la première édition du festival, aux gagnants de toutes les catégories. C'est elle qui est offerte à Luc Jacquet pour son film *La Marche de l'empereur*, à Laurent Charbonnier pour son documentaire sur les chevreuils, et à moi pour mon chant de vanneau huppé. Quel prestige !

Ce n'est pourtant pas ce concours que je devais gagner. J'ai depuis quelque temps l'impression de faire du surplace, voire de régresser. Je ne sais toujours pas siffler avec les doigts, technique dans laquelle Johnny excelle. Ma voix me joue inexorablement des tours. Je n'arrive pas à tenir une longue note aiguë. Systématiquement, je déraille.

Par chance, l'imitation imposée cette année est le vanneau huppé, un oiseau noir et blanc dont le chant convient tout à fait à ma voix du moment. Le sifflement éraillé que le mâle émet lorsqu'il virevolte au-dessus de son territoire fait penser, paraît-il, au son du vannage des céréales.

Avant la mécanisation des récoltes, la moisson consistait à couper les céréales et à monter les gerbes. Les opérations de battage et de vannage avaient lieu tout au long de la mauvaise saison. Dans les arrière-cours, on entendait le bruit du vanneur qui, en lançant les graines en l'air à l'aide de son grand panier, espérait séparer le grain de son emballage : la balle. Le tout produisait le son de l'acrobatique oiseau.

Le matin du concours, j'ai encore l'espoir d'avoir une voix aiguë, même si elle s'enroue dès la mi-journée. Mais le jury a tranché. J'ai gagné, et cette victoire me donne le droit de faire partie des membres du jury de la prochaine édition. Je gagne également un voyage en Grèce pour deux personnes, que j'offre à mes parents. Une petite semaine tranquille, ça n'a pas de prix pour ma sœur et moi !

Pendant le repas précédant l'épreuve, j'entends parler d'un concours dans le Sud-Ouest par l'un des candidats, un vieux de la vieille, natif de là-bas. Il nous parle d'une concurrence extrême et de prix sans commune mesure avec ceux d'Abbeville. C'est à peine si le gagnant ne repart pas avec une voiture.

Lui avait d'ailleurs failli gagner l'année précédente. Vu son niveau, j'ai toutes mes chances. Après de nombreuses recherches, je découvre que le concours aura lieu le 25 août à Casteljaloux. Il ne reste plus qu'à négocier un écart sur le chemin des vacances familiales. À un an du bac, un petit chantage vaut bien un détour. Si bien que nous débarquons fin août dans cette charmante bourgade de Lot-et-Garonne. Mais, à huit cents kilomètres de la baie de Somme, je suis perdu. Les gens ont un accent effroyable, surtout les vieux – tout petits, avec leur béret vissé sur le crâne. Ils n'ont que le mot « palombe » à la bouche. Et le décor me semble assez monotone, avec beaucoup de pins et de superbes fougères. J'y rencontre mon collègue imitateur, mi-gêné, mi-content de me retrouver là.

Le concours est libre, et il est possible de produire un nombre illimité d'oiseaux. Il y a deux catégories : la palombe, et le reste… Je me revois lors des premiers concours, où chacun imitait la oigne, le canard siffleur. À chaque région son totem. L'originalité est que le candidat annonce l'oiseau qu'il imite. Très vite, c'est à mon tour. Alors j'enchaîne. D'abord les limicoles, les bécasseaux, les gravelots et les chevaliers, puis les deux courlis, les avocettes, les passereaux, du plus petit au plus grand, du troglodyte à la corneille noire, ensuite les canards, les rapaces diurnes : faucons, buses, milans. Viennent les nocturnes : chouette effraie, hulotte, chevêche. Et enfin le héron et toutes les espèces qui forcent sur la voix, comme le cormoran et le tétras. Et je finis, grossière erreur, par annoncer le pigeon ramier. Le public me reprend : « Palombe ! » Au regard des membres du jury assis en face de moi, je comprends que quelque chose cloche. L'un d'eux se lève et discute avec l'organisateur. Ils ne connaissent pas les oiseaux de la baie de Somme. Je suis aidé par mon collègue imitateur qui leur glisse que je viens de remporter le grand concours d'Abbeville et que, là-bas, la concurrence est autrement plus rude qu'ici, que le vainqueur gagne presque un voyage autour du monde…

Un petit homme coiffé d'un béret gagne le concours de la palombe, tandis que je remporte le concours général, doté d'une petite coupe en métal argenté. Alors que je m'attendais à voir arriver une voiture, on me remet une simple boîte. Je l'ouvre, pensant y trouver des clés, mais il n'y a que trois bouteilles d'un vin… qui pique un peu, d'après mon père.

Au mois d'octobre, je reçois un appel du Festival de l'oiseau.

« Il faut refaire la scène !

– Quelle scène ?

– La victoire du concours. L'émission de TF1 “Histoires naturelles” a filmé en avril tout le concours de chant d'oiseaux. Ils ont toutes les scènes mais ils ont perdu la dernière cassette et ils n'ont pas les images du vainqueur. »

Alors nous voilà de retour au cinéma d'Abbeville. Mes parents, en compagnie d'une dizaine d'employés de la chambre de commerce, sont placés dans la salle, où ils doivent mimer les huit cent cinquante personnes du public et faire la claque au moment de ma victoire triomphale. Régulièrement, on leur demande de se déplacer. On les disperse dans la salle pour faire masse, d'abord au fond, puis vers le premier rang, tels des courlis qui, lorsque la mer redescend, décollent pour gagner les vases tout juste émergées.

Sur la scène avec moi se trouvent le troisième du concours ainsi qu'Olivier, un ancien gagnant qui n'était pas sur le podium cette année, mais qui a été convoqué pour remplacer le deuxième. Et là commence ma peine…

Voilà trois mois que je ne chante plus. Ne pas participer au prochain concours en tant que candidat m'a anéanti. Je ne m'entraîne plus. Pas de tirage au sort, pas de repas, pas d'estomac tiraillé avant l'entrée sur scène, pas de prix, pas d'espoir de victoire… et surtout pas de chants à préparer. Je ne sais même pas quelle espèce est imposée cette année – alors que d'habitude je harcelais les organisateurs pour connaître le plus tôt possible le nom de celle qui obséderait mes nuits d'avant concours.

Je me retrouve devant dix figurants, un micro et trois cameramen, et que je dois refaire ce vanneau que je n'ai pas imité depuis des mois… Je suis ridicule. J'ai beau essayer, rien de correct ne sort de ma bouche. Je propose un autre oiseau mais non, c'est cette image qu'ils veulent alors je dois m'exécuter, dans une éructation pitoyable, à arracher la huppe d'un vanneau. L'émission passera en boucle, heureusement à des heures indignes des justes, mais longtemps les noctambules télévisuels ont dû rire de ce gagnant sans éclat.

Numéro 11

Cela fait un moment que Jean ne s'arrête même plus à la maison. Il passe devant chez nous, le menton haut, sans un regard. Depuis qu'il a gagné la fameuse statuette, il semble beaucoup plus sûr de lui, fier, presque hautain. En sortant du théâtre après le dernier concours, il avait déclaré à mes parents que mon pinson des arbres était une invention, il m'avait même demandé où j'étais allé le chercher. Ma mère, qui se met rarement en colère, m'avait attrapé le bras pour éviter la confrontation. Jean, qui était passé de « la Miaule » au « fils Boucault », était en train devenir « Monsieur Je-sais-tout » aux yeux de mes parents.

Nous voilà en avril. Je n'ai plus de doute. Avec mes plus beaux atouts, je vais époustoufler le public et remporter la statuette à l'unanimité. J'imiterai les oiseaux les plus spectaculaires, les plus virtuoses, les chants les plus aigus, les plus inatteignables, à commencer par le rossignol philomèle, à la puissance dévastatrice, que je sifflerai avec une nouvelle technique. Ensuite j'imiterai le pinson des arbres à l'intention de Jean, pour lui montrer qu'il y en a dans mon jardin. Et je finirai par le merle noir, l'oiseau imposé dans le concours et qui m'accompagne depuis mon enfance et représente la perfection aux yeux de mon père.

Le jour du concours, je décide de ne pas aller au repas ni au rendez-vous de l'hôtel de France. J'évite de rejoindre la parade, redoutant de croiser un camarade de lycée perdu un samedi soir dans les rues d'Abbeville. Avec une heure d'avance, je me présente directement au théâtre. Les mêmes participants sont là, réunis comme d'habitude au premier rang. Pour moi, ils sont tous prévisibles et aucun ne peut prétendre à la victoire. Je retrouve le participant du Mont-Saint-Michel et ses bruits de gorge, celui du Sud de la France avec sa palombe et sa perdrix, ceux de la baie de Somme et leurs canards siffleurs, pies de mer et « *chés corlus* » bien sûr, comme ils disent ici. Je souris intérieurement en pensant à leur confrontation avec la figure imposée du merle noir. J'ai hâte de découvrir comment ils vont s'y prendre.

Sur douze participants, le tirage au sort m'attribue le numéro 11. C'est le meilleur tirage qui soit. Denis Cheissoux, toujours à l'animation, m'appelle en annonçant mon numéro. Je m'avance face au micro. Je gonfle les poumons et j'écarte les bras, telle une figure christique. Les quatre notes tenues, qui caractérisent le rossignol, atteignent le firmament des aigus. J'arrive à l'apogée du chant, à la saccade de trilles où il faut combiner puissance et technique. Je tente alors le trille le plus long et le plus puissant de l'histoire du festival, avec des notes saccadées diphoniques, dans un tourbillon de virtuosité qui dure une minute sans interruption, un record. Et c'est la *standing ovation*. Tous les spectateurs sont debout. Sous le coup de l'émotion, Denis Cheissoux y va de son commentaire : « Mais quel souffle, quel chant, c'est incroyable ! » Depuis que le festival existe, jamais un présentateur n'avait donné publiquement son avis pendant le concours. C'est interdit par le règlement.

Pour la deuxième épreuve, je vois passer les candidats qui comme d'habitude imitent des huîtriers pies et des chevaliers gambettes. La perdrix et la palombe provoquent des éclats de rire. Et c'est de nouveau mon tour avec le pinson des arbres. Je décide de siffler sans les doigts, en adoptant une autre technique, celle qu'utilisait Zorro. C'est un crescendo suivi d'un decrescendo très rapide. Je pense à Jean. Il est dans le jury, derrière le rideau – car les notations se font toujours à l'aveugle. La pureté de mon chant et sa vitesse d'exécution campent un pinson des arbres très puissant, sûr de son charme. Pour la signature de fin, je choisis une option qui met en contraste les trois ritournelles. Après le silence absolu du public survient un tonnerre d'applaudissements. Et lorsque je regagne ma place, un concurrent me confie qu'il n'a jamais entendu une imitation si parfaite. Il est subjugué.

Arrive la troisième épreuve avec le merle noir, l'oiseau imposé. L'angoisse se lit sur les visages. Chacun se regarde, cherchant la réponse dans les yeux de son voisin, tous se disant : « Mais comment vais-je faire ? » À ma surprise, plusieurs concurrents essaient d'échapper à la virtuosité du ramage du merle en proposant un chemin différent : des cris de contact, de fuite, des cris de jeunes merles… Personne n'ose se lancer dans ses longues phrases scandées à la cime des arbres. Comme si les merles de ce soir, sans ramage, étaient perdus, sans famille, sans chez-soi. Car là où s'arrête le chant du merle s'arrête son territoire. Quand arrive mon tour, je me place devant le micro et je m'imagine à la pointe ultime du grand cerisier du jardin. Je suis chez moi et je vais faire entendre au public l'étendue de mon territoire… La mélopée qui sort de mes doigts envoûte la salle. Les notes du merle noir rendent le présent nostalgique. C'est l'oiseau romantique par excellence, le Frédéric Chopin des jardins livrant ses Nocturnes entre chien et loup. Mon chant s'éclipse doucement dans l'ombre du feuillage de cette nuit merveilleuse.

Le concours est terminé. Des spectateurs viennent me féliciter. Certains me suivent depuis longtemps. Les hommes aiment le rossignol, sa virilité assumée, tandis que les femmes me parlent du merle et de sa nostalgie printanière. Des connaisseurs s'enthousiasment de mon imitation du pinson des arbres. Certains proposent de m'inviter à dîner après le concours pour imiter quelques oiseaux. Quelle drôle d'idée… Je croise au loin le regard de Jean. Il me fait un clin d'œil pour me saluer et lève un pouce au ciel. Je sais que, même derrière un rideau, il a reconnu mes chants et ma liste d'oiseaux. C'est aussi pour lui que j'ai chanté si divinement ce soir.

L'entracte terminé, nous attendons le classement final et la fameuse récompense. Denis Cheissoux arrive, souriant. Il annonce les résultats en commençant par le dernier, le douzième, qui n'est autre que celui qui était venu me féliciter. Le présentateur enchaîne en annonçant à la onzième place le numéro 11. Il répète : « Le candidat numéro 11. » Un silence s'installe. Il reprend ses fiches et confirme : « Oui, le candidat numéro 11, Johnny Rasse, est classé onzième. » C'est à ces mots que mon rêve d'avril se brise en mille morceaux.

Dans le public, c'est l'incompréhension et l'effarement. Ça hue, ça proteste, mais rien n'y fait : la sentence est définitive, je suis classé avant-dernier du concours que je devais gagner. Envolés, la une du journal, la statuette des fous de Bassan et le discours de remerciement à mes parents – mes pauvres parents, tellement remplis d'espoir. Je n'entends plus, je ne souris plus, je rejoins mécaniquement la scène. « Eh oui ! Il y a de grosses surprises ce soir ! » reprend Denis Cheissoux, et c'est ainsi que commence la pire soirée de ma vie.

Ce classement n'a aucun sens. J'assiste à sa proclamation, sonné, jusqu'au verdict final. Le gagnant est le candidat du Sud, moqué et raillé depuis une décennie avec ses cris de palombe et de perdrix. C'est le fanfaron du concours avec ses déhanchés qui font se tordre de rire le public. Une immense colère me submerge. J'ai le sentiment que l'on m'a volé ma statuette, mon concours et ma victoire.

Lorsque je rejoins enfin mes parents, on me touche le dos ou la tête pour me réconforter. On me glisse des mots gentils, on essaie de me consoler de cette incroyable injustice. Ma mère, si douce, me murmure que ce n'est pas grave. Je n'ose croiser le regard de mon père. Je l'entends derrière moi : « J'ai rien à te dire. Tu as été parfait, c'était sublime, Jojo. Mais que je ne croise pas l'autre Boucault, cette espèce de prétentieux. Il t'a saqué, c'est à cause de lui, tout ça ! » La colère de mon père est si intense que je n'ose répondre. Je sens que ma mère s'inquiète à l'idée qu'il se retrouve nez à nez avec Jean… À la sortie du théâtre, il assène à qui veut l'entendre que c'est fini, que je ne reviendrai plus et que le festival pourra nous attendre encore longtemps – comme si nous étions les gens les plus importants du monde… Ma mère le tire par la manche vers la voiture.

Il n'empêche, mon père a raison : ce sera bien mon dernier festival d'Abbeville. Dans la voiture, sur le chemin du retour, un poids immense s'échappe soudainement de mon corps. Je me sens tellement léger. Je me rapproche des oiseaux…

Derrière le rideau

À quelques jours du concours, je commence enfin à me sentir un peu plus à l'aise dans mon futur rôle de juge. Je découvre enfin l'espèce imposée : c'est le merle noir. Les organisateurs auraient voulu que Johnny gagne, ils ne s'y seraient pas pris autrement : son père dit qu'il le fait mieux que personne.

Pour la notation, je me fixe une règle. Je me souviens de ma mère corrigeant des copies de français avec des barèmes. Pour chaque oiseau, je décompose le chant en quatre parties que je noterai chacune sur 5. Pour le merle noir, je veux évidemment entendre le chant territorial du mâle, l'appel au dortoir, le cri de fuite et d'alarme et, cerise sur le gâteau, l'appel du jeune en cours d'émancipation. Le problème se pose pour les espèces dont le chant présente moins de variations, comme la chouette effraie. Alors je noterai sur 10 le chant stridulant et sur 10 aussi le chuintement des jeunes. Je ferai du sur-mesure pour chaque espèce, pour être le plus juste possible en l'honneur du chant d'oiseaux.

Pour la première fois, je ne pousse pas la porte arrière de la salle de cinéma. J'accède par l'entrée du public. Tout le monde me sourit, je croise du regard les parents de Johnny qui me saluent. Je suis dans le jury, on cherche à me séduire. C'est finalement agréable d'être dans cette position, et je comprends Zorro qui s'est autoproclamé hors concours depuis quelques années.

Après la remise des prix des meilleurs films sur la nature et des plus belles photos d'oiseaux, c'est au tour du concours de chant. À l'appel de leur nom, les membres du jury se lèvent et montent sur la scène. Je me présente. Applaudissements. J'entends des noms de mouettes qui fusent au loin. Moquerie ou encouragement ? La petite dizaine de membres du jury est invitée à se placer derrière le rideau qui protège les candidats du regard. Cette année, il y en a douze, qui ont tiré au sort leur ordre de passage. Je dois les connaître, pour la plupart.

Premier candidat. Tiens, ça commence bien, l'huîtrier pie, c'est original. Ce n'est pas très fort, mais il y a bien les cris d'appel et le cri de retrouvailles, cependant manque le cri d'alarme. 14/20. Les candidats 4 et 6 maîtrisent eux aussi leur sujet : chevalier gambette et aboyeur, presque mieux que le premier, mais j'écoute en fermant les yeux et les bruits des claquements de gorge m'empêchent d'imaginer l'oiseau. 8/20.

Septième candidat. Je le reconnais, c'est celui du Sud-Ouest qui m'a fait gagner l'année dernière.

Il imite la perdrix rouge. Aïe, ce n'est pas un oiseau que je connais bien. Si c'était la perdrix grise, celle qui habite les plaines du Nord, ce serait bon, mais là c'est celle des vignes du Sud… Il présente deux chants différents, il mérite la moyenne. J'entends un cri animal qui fait oublier l'homme. Mais j'ai du mal à juger. Pour l'originalité de l'oiseau et dans le doute, je lui mets 15/20.

Pour le onzième candidat, même sans voir la salle, j'entends un drôle de silence qui s'installe. C'est long, peut-être règle-t-il le micro à sa hauteur, il doit être petit. Le présentateur annonce le rossignol philomèle. Commence alors un sifflé très fort, beaucoup trop fort. Johnny signe son crime ! Il est le seul à essayer de faire des passereaux avec la technique des doigts. Nous avons droit à une minute de virtuosité absolue. Des notes claires, puissantes, saccadées, enchaînées si rapidement que cela donne l'impression d'entendre plusieurs oiseaux. Pour la première fois, le public, qui jusque-là se retenait d'applaudir, se laisse aller. Pour ne pas influencer le jury, les applaudissements sont interdits, et je dois y être pour quelque chose : mes premières danses d'oiseaux entraînaient des ovations à tout rompre, et certains candidats grincheux avaient demandé un jugement anonyme, sans applaudimètre.

Et pourtant, quelle insulte à l'oiseau ! Pas de notes tenues préparatoires au chant, et puis la phrase est bien trop longue. Absolument pas réaliste. Et le cri d'inquiétude, celui qui ressemble à ceux du pouillot véloce mais en plus perçant, ou celui, plus surprenant, qui ressemble à un coassement de crapaud ? Tous absents. Comment se prétendre imitateur d'oiseaux et ne faire qu'une partie du répertoire de l'animal ? C'est certes la plus connue, la plus chatoyante, mais la vie d'un oiseau ne se résume pas à la reproduction et à la séduction de la femelle. Chacun de ces sons a une signification pour l'animal. Les connaître, les restituer, c'est cela qui fait de soi un véritable imitateur de chant d'oiseaux…

5 points pour la mélodie, 2 pour le cri de présentation, 0 pour le cri d'alarme et 0 pour le cri de crapaud. 7/20. Et encore, je suis gentil !

Deuxième passage, Johnny propose le pinson des arbres. J'entends un léger decrescendo. Il répète sept fois la séquence. Jamais je n'arriverai à atteindre une telle technique, mais dans son imitation je n'ai pas entendu un pinson. Il n'a même pas fait les notes trillées et sourdes de l'alarme, appelées pour je ne sais quelle raison le « cri de pluie ». Pas de cri de la femelle, ni de cri de contact. 0 + 0 + 0 + 5 = 5/20.

Assis à côté de moi, un collégien de troisième a été tiré au sort pour faire partie du jury. Je n'avais pas remarqué, mais, par peur d'un mauvais jugement, il copiait depuis le début les notes que j'indiquais. Malgré moi, ma voix compte double…

Après les deux premiers tours, j'ai déjà reconnu l'ensemble des candidats : je sais où sont Olivier, Pierre, Sébastien et, bien sûr, Johnny…

Dernier passage, celui de l'oiseau imposé : le merle noir. Le premier candidat perd tout espoir :

il ne réalise qu'un flûtage approximatif pour la mélodie. Il tente un cri de contact. Je note 3/20 pour l'effort. C'est mieux ensuite, les siffleurs qui utilisent leurs doigts tentent la mélodie, mais souvent ils oublient les notes aiguës de fin de phrase, et aucun ne réalise le cri d'alarme, pourtant si caractéristique avec sa note haute qui transperce l'air, cette onde stridente qui fait lever les yeux au ciel et permet bien souvent d'observer un épervier dans une ronde ascensionnelle, repéré par l'oiseau noir. C'est le tour du candidat du Sud-Ouest : mélodie mal sifflée, pas de technique, cri de contact tenté mais mal réalisé, cris d'appel au dortoir et d'alarme bien trop graves et chuintés. 2 + 4 + 3 + 2 = 11. C'est bien payé, mais il y a tout.

Même sentence pour Johnny : la séquence est très bien sifflée mais stéréotypée. Je connais le merle de son cerisier, là c'est exagéré. Comme toujours, il en rajoute un peu. Son cri est trop long, trop pur, trop parfait. Et bien sûr, pas de cris des jeunes, pourtant je suis certain qu'il en a en ce moment. 5 + 0 + 0 + 0 = 5/20.

Le verdict tombe. Le premier, c'est le gars du Sud-Ouest. C'est surprenant, car c'est la première fois qu'il arrive aussi bien placé. Mais il a fait un choix stratégique, en n'imitant que des oiseaux qui n'ont qu'un ou deux cris – ou alors des oiseaux peu connus dans la région. Johnny est dans les profondeurs du classement. Il ne décroche même pas la première place dans la catégorie des moins de seize ans, car il a deux mois de trop. J'en connais un qui va être furieux : c'est son père…

Un mois plus tard est diffusée l'émission de télévision « Qui est qui ? », où trois candidats doivent deviner la profession ou la passion de six personnes cachées dans une petite cabane. Olivier jouera son rôle d'imitateur d'oiseau, et moi celui du référent en chant d'oiseaux. Tout le public s'attend à la scène cocasse d'une personne à contre-emploi. Olivier, lui, doit avoir une tête d'oiseau : le candidat devine immédiatement qu'il doit chanter comme eux. Il se retrouve donc face à moi. Je lui propose des oiseaux faciles qu'il peut imiter presque mieux que moi. 96 % du public le démasque. Je repars avec ma première fiche de paie et une attention soudaine des filles du lycée. Deux jours plus tard, la production rappelle mes parents pour trouver un autre candidat. Je leur donne le numéro des parents de Johnny.

Des goélands sous les ponts

L'épisode du dernier concours ne passe pas, mon père est persuadé qu'il y a eu un arrangement entre Jean et le jury. Mais j'ai beau retourner la question dans tous les sens, je ne vois pas l'intérêt que Jean aurait à me faire perdre. Il m'a toujours aidé et soutenu. La rivalité entre nous provient surtout du regard des autres, de mon père, de Gilbert, du village d'Arrest, du public d'Abbeville. Heureusement, au bout d'une semaine mon père retrouve le sourire : il vient de recevoir un appel de l'émission de télévision « Qui est qui ? », présentée par Marie-Ange Nardi sur la deuxième chaîne. Le jeu consiste à deviner l'activité des personnes invitées sur le plateau. La production est prête à me rémunérer, et elle prend en charge les frais de déplacement. La famille entière est au courant : mes oncles, grands-parents et cousins, tout le monde regarde « Qui est qui ? ». Je ne peux pas refuser ça à mon père après ce qui s'est passé. Ma seule angoisse, c'est qu'un de mes camarades de lycée regarde le jeu et découvre que je suis un oiseau. Là, je serais fichu…

La fierté est de retour dans le cercle familial ! Le voyage vers les studios parisiens est planifié, un ami de mon père qui nous assure bien connaître Paris nous y emmène. On arrive aux hangars de la Plaine Saint-Denis après trois tours de périphérique et avec deux heures de retard. Merci, le guide ! C'est un immense studio qui jouxte celui de « Questions pour un champion » et d'« Une famille en or ».

Je passe au maquillage. Mon père est derrière moi, comme un impresario. Il ne perd pas une miette du spectacle. Quand Marie-Ange Nardi me glisse un mot à l'oreille, il m'interroge. Je lui explique qu'elle voulait juste savoir comment prononcer « Johnny ». Il pensait qu'elle me parlerait d'oiseaux. Il est déçu.

Le jeu débute enfin. Trois candidats et le public doivent trouver qui nous sommes. On leur dit qu'il y a sur le plateau un interprète du chinois, un éleveur de chiens, un moniteur de canoë, un danseur traditionnel africain, un champion de kick-boxing et un imitateur d'oiseaux. J'aurais pu passer pour le kick-boxeur, mais une question un peu technique sur les rounds d'un combat dévoile mon ignorance. À l'étape de la mise en pratique, je chante un merle, un chevalier gambette et un rossignol. En deux minutes, le record d'audience de l'émission est battu. Le public vote à 96 % que je suis bien un oiseau. Mon père est aux anges. Notre ami conducteur est conquis. Il nous explique sur le trajet du retour qu'il n'avait pas compris qu'il fallait voter : les 4 % d'erreur, c'est lui ! Entre deux éclats de rire, mon père lâche qu'ils vont voir ce qu'ils vont voir, au festival, l'année prochaine. Je reste silencieux. Il est hors de question que je me représente au concours du Festival de l'oiseau.

L'émission est diffusée un mercredi. Exceptionnellement, ma mère me retire de l'internat en prétextant un repas de famille. Une fête est organisée à la maison. Mes grands-parents et quelques tantes, oncles et cousins sont là. Je suis heureux de les retrouver, mais toujours angoissé à l'idée des commentaires de mes camarades de classe le lendemain. Quand je passe à l'écran, toute la famille rit. On détaille ma coupe de cheveux, mes vêtements. C'est drôle comme la télévision a un effet loupe. Mon oncle me demande si Marie-Ange Nardi était sympathique, mes cousines si j'ai eu peur. Mon père, toujours dans son rôle d'impresario, devance mes réponses. Le passage où je ne sais pas répondre à une question sur le kick-boxing fait rire toute la famille. Puis le silence se fait quand vient le passage du chant des oiseaux. Tout le monde est ému. La fête de famille est réussie. En fin de soirée, mon grand-père me glisse, visionnaire : « Tu en feras ton métier. »

Le lendemain, j'arrive au lycée la boule au ventre. On passe la matinée sur un devoir surveillé de quatre heures en anglais. Je bâcle l'exercice pour sortir avant mes camarades, et j'évite de croiser les regards jusqu'à la sonnerie de 17 heures. Me voilà sauvé : visiblement, personne n'a regardé « Qui est qui ? ». Vendredi soir, je croise mon frère, la télécommande à la main. Une bagarre s'improvise lorsqu'il refuse de me la donner.

Je le plaque sur le sol et dans la lutte il appuie sur le 4 avec son coude. C'est la chaîne cryptée de Canal+, à laquelle nous ne sommes bien sûr pas abonnés, mais qui passe en clair pour le « Zapping ». On y voit des images du crash d'un avion en Floride avec des centaines de morts. Puis j'apparais à l'écran, en train d'imiter le merle noir. Un drame suivi d'un gamin qui sifflote… Je me sens victime de l'humour décalé de Canal+. J'ai envie de pleurer. Je suis tourné en ridicule et je sais que le lycée entier a regardé la chaîne. Ma seule échappatoire : me faire porter pâle. Je tiens une semaine, manquant au passage le devoir surveillé de biologie qui devait rattraper mon trimestre… mais tant pis, quoi qu'il en coûte, je dois continuer à vivre caché. Mon plan fonctionne : à mon retour aucun meneur ne relève cette histoire de zapping, je peux enfin reprendre ma vie de lycéen normal…

Nous sommes à la mi-mai. Des mésanges chantent à tue-tête dans le parc. Je me mords les lèvres pour ne pas les siffler. Je me cache parfois dans les toilettes pour vérifier que je sais toujours chanter. Une fois, la surveillante, croyant entendre un volatile, m'attend à la sortie des WC, un balai à la main… J'ai hâte d'être vendredi, de retrouver la Renault de ma mère, de quitter la ville, le parc, les WC, le lycée. De retrouver mon jardin et la liberté de chanter sans me cacher.

Ce vendredi, mon père est déjà rentré et m'attend, le sourire aux lèvres. Il semble heureux comme je l'ai rarement vu. Il m'intercepte avant que je file à l'entraînement de foot. Droit dans les yeux, en me toisant un peu, il m'annonce qu'il m'a inscrit à Chambord. Je lui réponds : « Chambord ? François Ier ? » Il réplique : « Non, la Loire, le château ! Tu y seras champion d'Europe ! » Je ne comprends rien. C'est ma mère, une fois de plus, qui éclaircit les choses. Mon père m'a inscrit au Concours européen d'imitation de chants d'oiseaux. Programmé dans un mois, il se déroulera dans la cour du château de Chambord.

Championnat d'Europe… Rien que le mot me fait rêver. Et c'est un joli pied de nez à l'affront du festival d'Abbeville. Une occasion aussi de se confronter aux imitateurs avec appeaux. Et devenir champion d'Europe… Pour une fois depuis longtemps, je suis d'accord avec mon père.

Quelques jours plus tard, nous recevons le règlement du concours. Le protocole n'est pas le même qu'au festival d'Abbeville : il y a d'abord des phases de groupes puis des éliminatoires directes, comme dans les grandes compétitions sportives.

Plus l'échéance approche, plus le nombre d'oiseaux à imiter est important. Avec une spécificité : les concurrents doivent imiter des oiseaux d'eau uniquement. Cela exclut les oiseaux pour lesquels j'excelle : les passereaux, le merle, le rossignol et les pinsons… Je pense à Jean et à son irrésistible goéland : s'il va à Chambord, ce que j'ignore encore, son chant de goéland éclipsera tous les chevaliers, courlis et bécasseaux du monde…

Quoi qu'il en soit, je tiens enfin l'occasion de prendre ma revanche après le revers d'Abbeville.

Mais voilà, je suis bloqué dans mon internat à Saint-Pierre, sans possibilité de m'entraîner. Les internes de terminale peuvent éviter la cantine le midi, pas ceux de seconde. J'obtiens grâce à ma mère une autorisation pour rendre visite à ma grand-mère tous les midis. Ça me laisse deux heures pour m'exercer sur les bords de la Somme, en espérant trouver le son de goéland que je cherche. J'ai repéré un coin sur le chemin de halage, juste à côté d'un pont qui m'abritera en cas de mauvais temps.

Le premier jour, je hurle sous le pont jusqu'à ce que deux pêcheurs viennent me supplier d'arrêter. Un goéland qui fait fuir les poissons, c'est pas banal. Après une semaine d'entraînement, je suis complètement aphone. Je décide de faire une pause ; mais quand je reprends, sous la pluie et sous le pont, je ne peux que constater mon impuissance à imiter le chant du goéland…

Au retour je croise un copain, écouteurs sur les oreilles. Il joue de la batterie dans un groupe. Cheveux longs de rocker et Dr. Martens aux pieds, il me tend un écouteur en me lançant : « Écoute, et respire. » C'est l'album *Revolver* des Beatles et la dernière chanson « Tomorrow Never Knows ». Dès les premiers accords, on entre dans un univers musical indien très psychédélique, quand soudain, intrigué par un son, je lève les yeux au ciel et m'exclame : « Des goélands argentés ! » Il me répond, moqueur : « Des mouettes plutôt, non ? » Les goélands de Lennon deviennent mon point de repère, je retrouve mon ami batteur à chaque récréation. J'en profite pour écouter les Doors, Pink Floyd et Led Zeppelin avant d'avoir le plaisir de réécouter les goélands indiens des Beatles. J'y entends distinctement un rythme et un timbre, avec des passages très forts et très graves où l'illusion est totale. Si les Beatles ont pu imiter le chant d'un goéland avec un sitar et des claviers, je peux certainement y arriver moi aussi, avec ma propre technique.

Le lendemain, sous le pont, j'ai le rythme et la clameur des goélands en tête. Je ne cherche plus à crier. Mon instrument, ce sont mes doigts. Je trouve le bon rythme, il me manque la tessiture, très aiguë. Je lève la tête en visant la paroi du pont. Par un effet acoustique, il y a deux sons en même temps, grâce à une sorte de rebond. Je reprends dans les aigus. Je m'arrête net. Ça y est, le goéland est là. J'en suis sûr, son cri est imitable en sifflant avec les doigts. Au bout de deux heures, la tête me tourne, j'ai un peu trop hyperventilé. L'après-midi, au lycée, je suis avachi sur ma chaise avec un mal de tête terrible et le teint blafard. Mon professeur de français et mes camarades sont persuadés que j'ai consommé de la drogue…

Tous les jours, je retourne sous le pont. Le goéland du chemin de halage est dans le plafond cimenté, avec la caisse de résonance qui crée une diphonie parfaite. Il me reste donc à fabriquer ce plafond moi-même. Je dois inventer cette diphonie typique et illusoire avec mon corps. Mais comment ?

Un jour, tandis que je m'entraîne, je découvre en me retournant les deux pêcheurs entrevus la première fois. Ils sont bouche bée. L'un des deux appelle un troisième larron en criant, les deux mains près de la bouche pour augmenter la puissance de son cri : « Viens voiiiir ! Viens voiiiir là ! *Y a éne miaule sous ch'pont, tcho !* » Pour qu'un pêcheur puisse y croire à ce point et inviter d'autres collègues, c'est que l'imitation fonctionne… Comme le troisième ne comprend pas, l'autre reprend, les mains en porte-voix : « Ramène-toi, je te dis ! » C'est là que j'ai le déclic : Depuis toujours, j'utilisais les deux doigts d'une main pour siffler, mais en posant l'autre main sur la première je crée une double caisse de résonance. Le geste des mains du pêcheur est la clé de voûte qui m'a permis de retrouver la diphonie tant espérée.

Chambord

Le bruit court dans le village que Johnny va participer à un concours européen. Olivier me le confirme : le 21 juin, un championnat d'imitation de chants d'oiseaux des zones humides est organisé au château de Chambord, auquel lui aussi doit participer. Depuis le classement de Johnny dans les abîmes, il n'est déjà pas question de croiser son père dans le quartier, alors lui demander de m'emmener… Comme je ne passerai le permis de conduire que dans un mois, nous convenons avec Olivier qu'il m'emmènera, au grand dam de ma mère, car j'ai mon bac à réviser.

Elle veut me l'interdire. Je la surprends à sermonner mon père : « Ce concours va encore le perturber, c'est vraiment pas le moment ! Et les gens responsables savent bien que dès que l'écrit du bac est fini il faut préparer l'oral, au cas où ! »

À midi pile, le dernier jour des épreuves écrites, à peine ma copie d'histoire rendue, je cours chez moi où Olivier doit venir me chercher. Je me réjouis que s'annonce enfin la plus belle des épreuves : celle d'un nouveau concours de chants d'oiseaux. Mon sac est prêt.

14 heures, personne. 15 heures, personne. Je m'inquiète. À 17 heures, j'appelle la femme d'Olivier. Il a un empêchement, il ne peut pas y aller. De 17 h 03 à 20 heures, je pleure.

Mon père rentre de la pharmacie, je lui explique la situation : c'est le championnat d'Europe, il est impensable de ne pas y participer. Johnny est déjà parti parce que moi, je devais partir avec Olivier. Mais mon père, de garde du lendemain midi jusqu'au lundi suivant, ne peut pas quitter son officine. Je crache sur Gallien et Hippocrate… « À moins que nous ne partions maintenant, reprend mon père… Je te dépose et je repars aussitôt pour être à la garde demain midi. Et tu rentres avec Johnny. »

Je saute de joie. Même si rentrer avec Johnny, c'est pas gagné…

C'est ainsi qu'à 5 h 45 du matin, au petit jour naissant du solstice d'été, je me retrouve seul devant les grilles du château de Chambord tandis que mon père redémarre en trombe pour une migration retour, telle une oie à bec court qui, poussée par un vent trop favorable, dépasse son lieu d'hivernage et doit faire demi-tour à contre-vent pour retrouver la bonne destination plus au nord. J'ai un petit peu froid, le ventre tiraillé par la faim, alors je marche autour du parc. À mon retour, deux hommes sont arrivés. Je m'approche et reconnais leur silhouette, c'est Olivier et un copain à lui. Ils m'ont bien embobiné.

Dans la matinée, je retrouve la famille de Johnny. Ils ont fait du covoiturage avec le peintre naturaliste Reynald Goldstein qui, lui, expose ses tableaux de la baie de Somme – cette dernière n'est pas encore reconnue comme la plus belle et les affaires sont mauvaises.

Un jeu-concours est organisé. Un animateur pose des questions, si un candidat donne trois bonnes réponses il repart avec une bouteille de vin de Loire ou un canard vivant. Citer trois zones humides en France ? – La Brenne, la Camargue et la baie de Somme. Et dans le monde ? – Le delta du Danube, le Djoudj au Sénégal et la mer des Wadden. Et encore un canard gagné !

Je l'offre systématiquement à Willy, le frère de Johnny, qui le ramène à son père – lequel commence à se dérider. À la fin de la matinée, nous avons récupéré une grande caisse dans laquelle nous disposons de quatre canes et deux mâles. Régulièrement, nous leur déposons une petite écuelle d'eau qu'ils renversent aussitôt. Notre cheptel s'arrête là, l'animateur du jeu sur les zones humides ayant finalement décidé de m'interdire de concours.

Sur le stand de Reynald, un tableau minuscule aimante mon regard. C'est une représentation d'un petit cours d'eau de la baie de Somme, que l'on appelle un courant. Il est entouré de grandes herbes marines dans une ambiance de brume de mer. Je n'ose pas trop m'approcher. Dès que je le regarde, je sens l'odeur de vase, j'entends le chant des limicoles au loin et je vois bouger la brume…

À 10 heures débute enfin le premier tour du championnat.

La règle est surprenante. Le jury est à vue, il est composé de quatre membres qui représentent différentes instances des zones humides. La particularité, c'est que les concurrents, qui ont chacun un numéro, tirent au sort celui du concurrent qu'ils vont affronter. C'est un match à élimination directe : tu gagnes ou tu pars, sans repêchage ni alternative ! Un peu comme le passage obligé d'une cigogne migratrice : Bosphore ou Gibraltar, sinon c'est la noyade…

Nous sommes une trentaine de candidats. Une équipe de télévision suit le parcours d'une petite famille dont les deux parents et les trois enfants participent au concours. C'est la famille idéale, avec des enfants bien habillés, tous blonds, les dents blanches. On dirait une publicité pour une lessive ou des chocolats…

Je me concentre. J'entre dans ma bulle. Je ne regarde même pas ce que fait Johnny. Enfin vient mon tour. On m'invite à tirer au sort dans un chapeau mon adversaire du premier tour : Olivier. Ma rage d'avoir été trompé transcende mon chant de tadorne de Belon et mon héron cendré doit s'approcher de ce que faisait le vélociraptor… Olivier est reparti si vite qu'il a peut-être doublé mon père sur l'autoroute…

Je redoute d'avoir à affronter Johnny. Le hasard nous protège. Aux tours suivants, je tire au sort, les uns après les autres, les membres de la petite famille télégénique. Qui, un à un, le deviennent moins… La journaliste qui les suit me jette des regards irrités mais je n'y peux rien, il faut que je reste jusqu'au lendemain

Il est 17 heures. Fin de la première manche. Nous sommes trois sélectionnés pour la grande finale, qui aura lieu le lendemain midi dans le carré central, face au château, devant des milliers de personnes.

Je retourne voir le petit tableau.

« Pourquoi c'est le plus cher alors que c'est le plus petit ?

– Parce que c'est mon préféré… et que je ne veux pas le vendre », me répond Reynald.

Deux oiseaux et un château

Ça y est, nous sommes en route vers Chambord. Une journée pour faire quatre cents kilomètres, un record ! Reynald vit au ralenti. Il aime prendre son temps et traverser les agglomérations à trente kilomètres à l'heure pour avoir tous les feux au vert. Ses tableaux, qu'il espère vendre là-bas, empestent le vernis fraîchement appliqué et nous obligent à rouler vitres ouvertes et à faire des pauses toutes les demi-heures tant l'odeur est insupportable. Mais lui et mon père sont heureux de découvrir les bords de Loire, Blois, son château, les maisons troglodytes. Un peu avant d'arriver, nous nous arrêtons pour nous dégourdir les jambes sur un pont. Nous observons des gardons qui fraient dans un bras de rivière. Je pense au pont d'Abbeville et à ma stratégie d'imitation des goélands, dont mon père ne sait toujours rien.

Au loin, un chevalier gambette chante sur un banc de sable. Il doit être en retard sur la migration. Mon frère l'entend aussi. Sans réfléchir, je mets mes doigts sur mes lèvres et je pose la deuxième main sur la première, comme par réflexe. Et je lance le cri avec la diphonie sur l'attaque. Reynald sursaute, il a enfin passé la seconde et court dans tous les sens les yeux écarquillés. Mon père, croyant que le chevalier lui frôlait la tête, manque de tomber. Il fouille le ciel des yeux. Il n'a toujours pas compris. Tous deux se sont baissés comme par réflexe derrière un muret pour ne pas se faire repérer… Mon frère éclate de rire. Mon père le réprimande et lui intime de se taire. Je lance une seconde salve. Les deux adultes comprennent enfin. Mon frère, complice, se place fièrement à mes côtés. C'est alors que le chevalier gambette, les ailes étendues, arrive au-dessus de nous et se pose sur le capuchon du lampadaire du pont, bec grand ouvert. La scène est hallucinante. L'oiseau des sablières hurle de plaisir, dans un cri absolument identique au mien. Même à quinze mètres, il est impossible de faire la différence. Mon petit frère court vers le réverbère en criant : « Je vais l'attraper ! » Il veut toujours tout attraper…

Aussitôt le chevalier décolle, s'éloigne et disparaît. Mon père, incrédule, me demande de recommencer. Je m'exécute. Et voilà que le chevalier répond de nouveau, de très loin. Mais quinze secondes plus tard il revient nous survoler et se repose sur le lampadaire. Le soleil se couche sur les bords de Loire. La scène est sublime. Mon père est subjugué : « C'est magique ! Le chevalier est hypnotisé. Si tu fais ça demain, t'as gagné, c'est sûr. C'est incroyable. »

Cette rencontre de bienvenue annonce trois journées mémorables. Nous reprenons la voiture et son odeur de vernis, et trente minutes plus tard nous atteignons notre hôtel après dix heures de route – le double d'un trajet normal !

J'oublie mon mal de cœur en découvrant le château de Chambord, impressionnant, immense, majestueux. Trônant sur un domaine de verdure et de forêts, il me paraît digne des dessins animés préférés de ma sœur. À l'accueil, j'apprends que le concours fonctionne par duels éliminatoires et que le tirage au sort des adversaires se fait en direct, face au jury. Je passerai à 10 heures pour mon premier duel. J'ai le temps d'aller flâner dans les allées avec mon frère. On découvre le stand de Reynald, ses toiles sont superbes mais il n'y a pas grand monde. Je croise les imitateurs du Festival de l'oiseau, ils sont tous là ! Au stand des jeux, Jean est en train de répondre à des questions. Il est trop heureux de nous voir, comme s'il s'était perdu tout seul. Je me garde bien de lui parler du concours mais nous savons tous les deux pourquoi nous sommes là. Il m'apprend qu'il passera après moi, et décide de s'engager avec mon frère dans un jeu pour gagner des canards. Je me retrouve seul avec mon père pour le premier tour.

À 10 heures, je m'avance dans un petit stand pour tirer un numéro. J'entends résonner un accent italien. Le candidat que je vais affronter est assez âgé. C'est lui qui commence. Il annonce ses trois oiseaux : *Anatra fischiante*, *Pavoncella crestata*, *Verde acqua*. Je ne comprends rien. Il sort de sa poche trois pièces d'argent qu'il pose devant lui sur la table. Ce que je redoutais le plus est arrivé : le pauvre petit Français va devoir affronter les maudits appeaux italiens…

L'homme glisse la première pièce dans sa bouche et aspire violemment. Je reconnais le chant du mâle de canard siffleur, assez réussi mais un peu métallique. À mon tour de siffler. Pour le premier oiseau, je choisis celui qui m'a si bien accueilli la veille. Au premier jet, le jury écarquille les yeux. Ça me rappelle la tête de Reynald sur les bords de la Loire. Pour la deuxième partie du chant, j'entame la parade en diphonie totale. L'Italien se lève d'un coup. Il remet ses appeaux dans sa poche et, en plein milieu de mon chant, m'enlace en criant « *Campione, campione !* » Il me prend le bras comme un vainqueur de boxe. Je viens de mettre KO en même temps le jury et les appeaux de mon adversaire… Le duel est interrompu sur abandon. Le candidat italien m'a vu champion sur un seul oiseau ! Mon père n'en revient pas. Et je prie pour que la prophétie italienne se réalise… Le prochain duel est prévu d'ici deux heures. Dans l'intervalle, avec Jean et mon frère, nous profitons des activités proposées dans cette immense fête de la nature. Nous essayons des vêtements d'apiculteur. Nous fabriquons du pain. Nous construisons des nichoirs. Nous gagnons des canards.

Débute le deuxième tour du concours. Je tire le numéro d'un certain Ricardo, encore un Italien. Lunettes de soleil, polo blanc, dents blanches. Je le salue. Il sort de sa besace en cuir une petite mallette qui ressemble à une valisette de film de gangsters.

À l'intérieur, une collection d'appeaux comme je n'en ai jamais vu. J'annonce ma liste d'oiseaux : chevalier aboyeur, courlis cendré et canard siffleur. Ricardo temporise derrière ses lunettes de soleil, comme dans un tournoi de poker. Et il annonce son brelan avec le canard siffleur, le chevalier aboyeur et le courlis cendré. Les mêmes oiseaux que moi ! Avec un grand sourire moqueur, il me lance : « *In bocca al lupo !* » Je ne le comprends pas. J'aperçois alors le vieil Italien du premier tour qui me fait un clin d'œil avec un pouce levé pour m'encourager. Il épelle : « C A M P I O N E ».

Le jury déclare les hostilités ouvertes. Ricardo lève la main, comme saisi d'une urgence. Il souhaite changer sa liste. Les juges se concertent. La requête est acceptée. Ricardo rouvre sa mallette magique. Il annonce la sarcelle d'hiver, le canard pilet et le chevalier aboyeur. Et refait le même cinéma avec son grand sourire et la provocation du « *in bocca al lupo* ». Je commence avec mon chevalier aboyeur, diphonie sur l'attaque. Puis je lance mon chant d'amour. Ricardo pose ses lunettes sur la table. Il ferme sa valise. Son tour venu, il fait une sarcelle qui ressemble plus à un sifflet de chef de gare. J'enchaîne avec le courlis cendré. C'est un des limicoles les plus mélodieux, avec trille, decrescendo et cri d'alarme. Je crois que j'ai rarement chanté aussi bien. Ricardo lève la main. Il veut de nouveau changer d'oiseau ! Concertation et refus catégorique du jury. Il prend sa valise et quitte le stand, vexé. Comme pour le premier, le deuxième duel se termine par un abandon ! Et me voilà qualifié pour les demi-finales.

Mon père est là. Il ne parle plus. Nos regards se croisent. Je lis dans ses yeux un respect immense. Je crois qu'il a compris que l'homme que je suis en train de devenir est libre, et suit son chemin comme il l'entend.

J'attends les demi-finales de l'après-midi. Je croise Jean. Il a passé tous les tours lui aussi. Il a rencontré des Français sans appeaux, et moi, j'ai éliminé des Italiens avec appeaux. Nous ne sommes pas dans le même tableau pour le moment. À croire que la chance nous sourit…

Pour les demi-finales, il faut présenter cinq oiseaux. Au tirage au sort de 14 heures, je continue sur ma lancée internationale en tombant sur un Hollandais. Les Italiens que j'ai croisés dans les allées me surnomment le *Campione*. Ça impressionne Jean et mon frère. J'arrive à la table pour la confrontation. Mon concurrent fait deux mètres, il a le visage rougi par le soleil. Sur le moment, j'ai cru qu'il faisait partie de la sécurité ! Ma tête lui arrive au niveau du nombril. Sa main pourrait attraper mon crâne comme un ballon de handball…

Je propose les chevaliers aboyeur et gambette, le courlis corlieu, l'avocette élégante et le courlis cendré. Mon adversaire a une drôle de technique mélangeant les imitations avec et sans appeaux. Il a choisi l'oie cendrée, le canard siffleur, l'huîtrier pie, le canard pilet et la barge à queue noire. Notre géant commence avec l'oie, qu'il imite de sa voix rauque. C'est pas mal mais un peu grave. Je fais le chevalier aboyeur avec ma nouvelle technique. Une fois encore, ça impressionne l'auditoire. Mon adversaire accuse le coup, il est beaucoup moins rayonnant. Pour son imitation du canard siffleur avec appeau, le cœur n'y est plus. J'enchaîne avec le chevalier gambette en tentant de nouveau le chant de la parade nuptiale. Le Hollandais tente un huîtrier pie en sifflant avec les doigts, mais il y a beaucoup trop d'air dans son chant, ses doigts sont trop gros pour cette technique. J'enchaîne avec l'avocette élégante qui enchante le public. Victoire ! Je suis qualifié pour la finale, qui se déroulera dans la cour du château, devant plusieurs milliers de personnes.

Je prends des nouvelles de Jean. Il sera en finale avec moi, tout comme notre ami du Mont-Saint-Michel. Nous serons trois demain et il faudra présenter cinq oiseaux. Génial ! Je tiens enfin ma revanche pour effacer ce maudit dernier festival…

Jean nous apprend qu'il est tout seul à Chambord, sans parents ni amis à part nous, et qu'il ne peut même pas repartir. Avec mon frère, nous hallucinons. Il nous surprendra toujours ! Nous nous mettons en quête de mon père pour le convaincre que Jean doit rester avec nous et rentrer à nos côtés. Au stand de Reynald, un Anglais est en pleine discussion avec eux. Les difficultés de compréhension les font pleurer de rire. Apercevant Jean, mon père lui demande s'il est en finale. « Oui », répond-il timidement. Mon père saute de joie. L'Anglais ne comprend pas mais l'imite en répétant comme un perroquet « *Bwavooo ! Bwavoooo !* » Mon père commente : « Incroyable ! » Et l'Anglais reprend, les bras en l'air : « *Bwavo, Incwoyabe !* » Une danse s'improvise, bras dessus, bras dessous. La bière aidant, les pas sont chaloupés… Nous rions et dansons tous ensemble. Mon frère annonce à mon père qu'avec Jean ils ont gagné des canards au jeu du matin. La farandole reprend de plus belle. Jean est des nôtres maintenant…

Le bouquet final est prévu pour le lendemain, dans la cour du château. Nous rentrons à Blois. Il règne au cœur de la ville une ambiance festive en ce 21 juin, jour de la Fête de la musique initiée par son maire, Jack Lang. Blois chante, crie et s'amuse jusque tard dans la nuit. Je pars me coucher en laissant Jean et Reynald dans leur virée nocturne. Demain est un grand jour. Une finale, c'est comme un grand match, ça se prépare !

La Fête de la musique

La journée finie, le père de Johnny lance le signal du départ :

« Allez, on va à l'hôtel ! Boucault, tu viens avec nous. »

Nous quittons le château pour la pension de famille réservée par la famille Rasse à Blois. Nous sommes au cœur de la ville. C'est la Fête de la musique, tout le monde est dans la rue, il fait beau et la ville résonne de guitares et de batteries. Nous sommes obligés de garer la voiture assez loin et de traverser la foule avec notre caisse pleine de canards. Une fois à l'hôtel, nous montons discrètement l'escalier jusqu'au deuxième étage, de peur que notre hébergeur nous surprenne avec notre drôle de chargement. Par chance, la chambre dispose d'un balcon. Nous installons la couche de nos canards et j'avise le petit lit simple que je dois partager avec Willy, le jeune frère de Johnny…

Nous allons dîner. Reynald est euphorique : il a un client intéressé qui va peut-être revenir le lendemain pour lui acheter un tableau, alors il paye sa tournée. Nous commandons nos plats, et les hommes prennent un grand pichet de vin rouge. Naturellement, on me remplit mon verre, moi qui n'ai jamais bu un verre de vin… Je le goûte, ce n'est pas très bon mais ça passe. Mon plat, une fricassée d'anguilles, est délicieux. Dans la Somme, polluée par les PCB, elles sont impropres à la consommation. Le pichet, une fois vidé, se remplit miraculeusement. Après quelques verres et beaucoup de rires, le repas est fini. Le père de Johnny décide d'aller faire un petit tour à la fête, et après dodo ! Demain est un grand jour.

Nous voilà partis… Je suis complètement étourdi (*e-turdus*), comme la grive musicienne *Turdus philomelos* qui, gavée de vieux raisins fermentés de la vigne, reste hébétée face au danger… J'entends de la musique partout. Nous devons franchir un pont sur la Loire. La montée me paraît interminable. J'aurais presque envie de traverser le fleuve à la nage… Dans la nuit qui tombe, j'entends des martinets qui crient. Je lève la tête, mais il faut que je ferme un œil pour les voir nets.

Johnny en a assez, il veut rentrer. Son père le rabroue, lui dit d'en profiter un peu, ce que j'approuve. Mes jambes sont toutes légères, j'ai l'impression de flotter. Je me sens bien avec ma nouvelle famille. Nous errons encore quelques heures de différents lieux en divers styles de musique. Nos choix, très éclectiques, sont surtout liés à la longueur de la queue pour acheter les breuvages.

Le retour à l'hôtel est plus corsé. Si je franchis allègrement le premier escalier tapissé de moquette, le colimaçon en bois, lui, m'offre une attraction originale : une descente de haut en bas sur le ventre. Lorsque je me remets d'aplomb, j'ai mal partout.

Dans le petit lit, tête-bêche avec Willy, je n'arrive pas à dormir. Mes oreilles sifflent, un sifflement monocorde aigu et angoissant comme un chant de sirli du désert (*Alaemon alaudipes*) qui ne s'arrête jamais. Je ne me sens pas bien. La nuit est terrible, entre poussées de sueur et grelottements de froid. Impossible d'atteindre les toilettes sur le palier sans réveiller tout le monde. Et ça ronfle allègrement…

La revanche

Dimanche, 14 heures, château de Chambord. Des milliers de spectateurs s'agglutinent autour d'un enclos où vient de se tenir une démonstration équestre. Après les discours officiels, le speaker annonce la finale du championnat d'Europe. Notre ami du Mont-Saint-Michel, Philippe, n'en mène pas large. Je suis plus déterminé que jamais. Personne ne me privera de ce titre. Avec son inséparable bouteille d'eau à la main, Jean est concentré mais bizarre. Nous sommes au milieu de la cour. Contrairement à Abbeville, le public pourra exprimer son contentement. Le jury est devant nous. Mon père, qui s'est placé derrière leur table, observe attentivement les notations.

Le premier à se lancer est Philippe. Il choisit l'huîtrier pie et réussit une belle imitation, simple et efficace. C'est ce que j'ai entendu de mieux depuis le début du concours. Jean opte pour le chevalier guignette. C'est astucieux : avec le micro, sa technique de petit sifflet fait merveille. Mon tour arrive. Par défi, je demande de reculer le micro d'un mètre et je pars dans une imitation du chevalier gambette. Tout y est : le chant de territoire, la parade nuptiale, la diphonie. Tonnerre d'applaudissements, encouragé par le speaker. Philippe est éberlué. Jean me sourit. Il vient de découvrir ma nouvelle technique à deux mains et il doit penser que j'ai bien caché mon jeu. Pour moi, le concours est déjà plié, mais je reste concentré. La déconvenue du festival d'Abbeville me hante toujours.

Pour le deuxième oiseau, Philippe opte pour le chevalier gambette, Jean pour le tadorne de Belon et moi pour le courlis cendré. Le premier émet un énorme bruit de gorge parasite. Jean réalise une très bonne imitation, surtout pour la femelle. Je pars confiant et je m'autorise des cris de fuite à la fin de chaque mélodie. Personne ne s'y aventure parce que c'est un cri très puissant et que certains chasseurs le méprisent. C'est pourtant l'un des plus beaux des côtes françaises. J'ai le sentiment que ma nouvelle technique a creusé un écart de niveau, mais je ne parviens pas à sentir la ferveur de la foule comme à Abbeville. Ici, le public est cantonné derrière les barrières Vauban, à une vingtaine de mètres. Je remarque quand même qu'à chacune de mes imitations les gens s'agglutinent vers l'avant.

Pour les trois tours suivants, notre concurrent fait dans le classique avec le canard siffleur, le canard pilet et le pluvier doré. Il utilise la technique des doigts, mais avec des sons parasites de bouche et de gorge, et je trouve que ses choix d'oiseaux sont trop souvent monosyllabiques. Jean s'engage sur des oiseaux plus complexes, mais sa technique est limitée. Comme ils doivent se faire entendre sur une étendue maritime à la fois immense et sonore, les oiseaux d'eau sont presque tous siffleurs et puissants. Ce n'est pas son point fort mais, grâce au micro, il réussit tout de même de belles prestations. Pour ma part, j'imite le chevalier aboyeur et mon courlis corlieu.

Cinquième et dernière imitation. C'est le combat ultime, le duel auquel j'aspire depuis le dernier festival. Le goéland de Jean face au mien. Le cri face au sifflement diphonique. Et alors que j'attends le goéland argenté de Jean, le speaker annonce le courlis cendré. Stupéfaction… Je reste sans voix. Pourquoi n'a-t-il pas fait son goéland magique ? J'aurais tellement voulu le voir enchanter le public avec son cri dans le vent de la Loire…

Vient mon tour. Quand le speaker annonce le goéland argenté, Jean devient livide. Il n'en croit pas ses oreilles. Je me lance, seul, les bras étendus, une main posée sur l'autre. J'abats ma dernière carte, c'est le moment tant attendu. L'illusion apparue sous le pont d'Abbeville est de retour dans le jardin du château de Chambord. À la fin de mon imitation, le public scande : « La mouette ! La mouette ! » Mon destin est scellé.

À l'unanimité, je suis déclaré champion d'Europe. Au-delà du titre, c'est la fin d'un apprentissage et le début d'une émancipation. Je n'ai pas besoin d'en parler avec mon père. Il a compris. Je fais vœu de silence cinq longues années. Plongée dans le tourbillon des études et de la vie. Si je reviens un jour sur une scène, ça ne sera pas seul. Hors de question. Ce sera avec Jean uniquement, le seul homme-oiseau que je connaisse, une espèce unique et si rare.

La gueule de bois

À 7 h 30, nous nous levons et quittons le camp pour rejoindre le château. Je me vois dans une glace : je suis livide. La route est désagréable. Ma tête semble être la cible d'une sittelle qui, à coups de boutoir réguliers, me tape sur les tempes. En prime, l'odeur des fientes de canard venue du coffre de la voiture est insupportable. Il me tarde d'en finir. Reynald, que j'ai mis dans la confidence, me conseille de boire de l'eau. Alors je bois, je suis dans le thème du concours : les oiseaux d'eau. Nous n'avons toujours pas parlé des espèces que nous allons imiter et à chaque fois que j'essaie d'entamer le dialogue avec Johnny son père coupe la discussion d'un : « Tu verras. »

Lorsque nous entrons sur la pelouse d'honneur, de grandes tables sont installées. Un repas est organisé, et nous serons l'attraction du début. Un homme s'adresse à la foule, un micro à la main. Je ne vois pas de micro sur pied, ce qui est tout à mon avantage. Sifflant sans les doigts, je pourrai tenir le micro, mais Johnny, lui, va être embêté, il ne pourra pas l'utiliser.

Que c'est long à se mettre en route ! Il y a d'abord les discours des officiels, le maire, le député, le sénateur, le sous-préfet, le préfet. Ça fait bien quarante minutes que nous sommes en plein soleil et, avec tout ce que j'ai bu, je commence à avoir une sacrée envie d'aller aux toilettes. Mais impossible de quitter le carré d'honneur central. Je suis en cage, condamné. J'envie nos canards qui peuvent se soulager allègrement dans leur caisse…

C'est enfin notre tour. Tout se joue sur cinq oiseaux, qu'il faut inscrire sur une petite liste à donner au présentateur. Philippe commence. Il siffle aussi avec les doigts. Le présentateur tient le micro devant lui, mais beaucoup trop près. Ses imitations sont correctes, toutefois le micro fait entendre des sons de glotte qui gâchent tout. Puis c'est mon tour. Mes lèvres ne sont pas très réactives mais les sons passent agréablement au micro.

J'aime bien mon avocette et mon chevalier guignette. Je ne fais que des sons simples que je maîtrise sans problème, et mon tadorne de Belon est acceptable, mais je ne peux donner tout mon souffle et toute ma force de peur d'humidifier mon pantalon… Et si les condors et les cigognes pratiquent l'urohydrose (ils défèquent sur leurs pattes pour se rafraîchir), là, devant autant de monde, ce serait malvenu…

Johnny entre en scène. Je ne l'ai jamais vu aussi déterminé. Ses quatre premiers oiseaux sont très réussis, ça va se jouer au coude-à-coude. Quand le présentateur annonce son dernier oiseau, le goéland argenté, j'ai l'impression de recevoir une flèche en plein cœur… Hein ? Mais c'est moi, le goéland argenté !

Doucement, Johnny met ses doigts dans sa bouche, les recouvre de son autre main et commence la clameur du goéland. L'illusion sonore est parfaite. Il ne peut incarner physiquement l'oiseau, mais je sens que le public vit là quelque chose de magique, ce quelque chose que j'ai perdu…

Le résultat est sans surprise. Johnny est sacré champion d'Europe, et je suis son dauphin. 2 000 francs pour lui, 1 000 pour moi.

Retour vers notre Picardie natale. Les champs d'orge et de blé sont encore verts. Lors d'une petite pause sur la route, Reynald me prend à part :

« Tu l'aimes toujours, le tableau ?

– Ben oui, mais il est beaucoup trop cher…

– Tu sais, hier, j'ai dit que j'avais un client intéressé, eh bien, le client, c'était toi, 1 000 francs, ça ira. »

C’est quoi ton rêve ?

Les années suivantes, Johnny disparaît des concours. Je continue seul et propose de devenir guide pendant le festival. La première sortie est prévue un samedi d’avril. J’ai acheté un gâteau battu et du jus de pomme. Préparé mes jumelles, ma longue-vue et quelques paires de bottes au cas où l’un des participants ignorerait la signification du mot « marais ». Un appel du festival m’apprend qu’aucun spectateur ne s’est inscrit. Pour la deuxième sortie, j’ai quelques ouailles puis, le bouche-à-oreille fonctionnant, un public croissant vient me voir en guide naturaliste. C’est extraordinaire de faire découvrir la vie des oiseaux et de la révéler à un public qui ne la voit pas, ou ne sait plus la voir.

Tel un berger qui conduit son troupeau à la rencontre des plus beaux pâturages, je choisis des chemins cachés à la rencontre d’oiseaux rares. Alors que jusque-là je ne vivais ces moments que pour moi, partager avec d’autres cette connivence avec la nature m’apporte une intense joie de vivre.

« Il y a Johnny qui cherche à te joindre, me dit un jour mon père. Il est passé hier à la pharmacie. »

Depuis Chambord, ça doit faire cinq ans que je ne l'ai pas croisé. La semaine, je suis étudiant à la ville, et le week-end, les bottes aux pieds dans la baie. Il ne participe plus aux concours d'imitation, ce qui me laisse tout à mon aise.

« Ah oui, et qu'est-ce qu'il voulait ?

– Je lui ai donné le numéro de la maison, il va rappeler. »

Mes parents ont changé de vie, vendu la pharmacie d'Arrest, et nous habitons à Amiens. Quand Johnny débarque à la maison, il a changé, il a beaucoup grandi. Il n'est plus le jeune garçon d'il y a cinq ans. Il me raconte qu'il dispose d'une bourse qui lui permet de faire ses études ici, et puis il en vient à l'essentiel :

« J'ai fait une bourde, Jean. J'ai pris la voiture de mes parents et j'ai grillé un stop. À Saint-Val, tu sais, le stop du ferrailleur.

– Ah oui, celui qui est en descente ! Il est difficile à respecter, celui-là…

– Ouais, et je me suis fait prendre. Je n'ai pas de quoi payer l'amende. Je fais des colos en juillet mais là je suis à sec. J'ai demandé à mon père, mais il m'a dit : "Ton amende, je te la paye à une condition. Que tu participes une dernière fois au concours de chants d'oiseaux d'Abbeville." Alors je veux que tu m'aides. Je veux faire le duo avec toi. Cette année, c'est la sarcelle d'été. Ensemble, on est sûrs de gagner.

La sarcelle d'été (*Spatula querquedula*) est un petit canard qui revient d'Afrique aux tout premiers jours de mars en baie de Somme. Son nom local, c'est le criquet. L'interprétation du chant du mâle est très compliquée à réaliser. À vrai dire, je suis assez fier que Johnny se rapproche de moi pour espérer gagner… Je lui propose :

« OK, tu feras le mâle et moi la femelle. Le mâle, il est quasiment impossible à imiter. Tout se jouera sur la femelle, et elle, ne t'inquiète pas, je la fais bien. Tu vois comment se déroule la parade ? Le mâle tourne autour de la femelle et soulève d'un coup son corps au-dessus de l'eau, et puis il balance la tête en arrière en chantant. Tu feras comme ça, en soufflant du fond de la gorge. Essaie d'imiter le début du grand tétras, et ensuite tu fais le cri de contact de la draine. Tu mélanges les deux, et tu as le chant du mâle de la sarcelle d'été. »

Au mois d'avril, nous gagnons le duo haut la main, et l'amende est payée.

Ça ne fait pas l'affaire du festival, car ce sont toujours les mêmes qui gagnent, ce qui décourage les concurrents. Du côté des organisateurs, on cogite pour trouver la nouveauté qui va rebattre les cartes. Leur idée : le grand concours de chants d'oiseaux du festival d'Abbeville, c'est fini, place à un concours d'imitation de mammifères !

J'informe Johnny.

« T'es sérieux là ? Ils n'ont pas fait ça ! me dit-il.

– Si, je t'assure, il y a le loup, le chevreuil, le cerf et le sanglier, et tu dois imiter une des espèces en duo.

– Mais c'est n'importe quoi ! Je te préviens, moi je ne fais pas de cris de mammifère.

– C'est marrant, tu verras. Moi je m'entraîne, et je sais déjà faire le loup. »

Le jour du concours, nous sommes très peu de candidats, cinq tout au plus. J'ai tiré le premier passage. Je commence par le sanglier. Un soir où je partais rencontrer les engoulevents (*Caprimulgus europaeus*) dans les dunes du Marquenterre, je me suis retrouvé entouré par une harde. Dans la nuit, c'est impressionnant. J'entends les petits cris des marcassins, les sons du fouissage et soudain, sentant mon odeur, leur mère, la laie, lance un cri d'effroi et les petits se mettent à courir en tous sens autour de moi. Face au micro, je rejoue la scène.

Rires dans la salle. Ces mêmes rires qui résonnaient quand un candidat ratait son imitation. Un rire un peu moqueur, que je n'avais jamais entendu jusque-là pour mes chants d'oiseaux. Lorsque Johnny passe au brame du cerf, les mêmes rires retentissent. La magie, la tension palpable qui nous unissaient aux oiseaux et aux hommes s'est évanouie.

Le concours est vite fini. Nous sommes si peu nombreux que nous attendons, Johnny et moi, dans une petite loge, sans aucune envie d'affronter le public.

Johnny m'interpelle :

« Tu as vu ce qu'on vient de faire ?

– Ben oui, je crois qu'on peut gagner.

– Mais on s'en fout de ça ! Ça fait douze ans que tu siffles comme un dieu, que tu as des milliers de personnes qui t'applaudissent pour te voir faire l'oiseau, et tu es content de te présenter comme un guignol, de te jeter dans la gueule du loup ? Faut absolument qu'on arrête les concours, Jean. Les gens veulent nous voir sur scène. Alors il faut qu'ils puissent nous voir, et ils nous verront, ils nous verront partout. C'est quoi ton rêve, Jean ?

– Ben, voir les oiseaux d'Amazonie et des albatros.

– Eh bien, on ira, et on ira même au Japon et en Australie. On fera des spectacles de chants d'oiseaux et tout le monde viendra nous voir. Et on s'appellera…

… les chanteurs d'oiseaux. »

À suivre…

Nota bene : les noms des oiseaux en latin sont extraits de l'ouvrage *Collins Bird Guide* de Lars Svensson, Killian Mullarney et Dan Zetterström (Glasgow, William Collins, 1999, 1re édition). Certains ne sont plus utilisés aujourd'hui, mais nous avons tenu à ne pas les moderniser pour rester fidèles à ceux de notre enfance.

Table

Les auteurs reversent une partie de leurs droits d'auteur à l'Association pour la promotion de l'environnement dans le Vimeu, qui protège et restaure le bocage, ce paysage arboré en voie de disparition, sans lequel ces histoires n'auraient pu avoir lieu.

A.P.E.V.
ASSOCIATION POUR LA PROMOTION
DE L'ENVIRONNEMENT DANS LE VIMEU
Siège administratif : 2 rue d'Ailly –
80210 – MONS-BOUBERT
Siège social : mairie de Boismont
Tél. Siège administratif : 03 22 29 85 43
Tél. Secrétariat : 06 43 06 92 44
Courriel : apev.asso@orange.fr
Blog : www.apev80.org
Facebook : APEV Picardie maritime
Association reconnue d'intérêt général
Dons déductibles selon les articles 200 et 238 bis du Code général des Impôts

L'exemplaire que vous tenez entre les mains
a été rendu possible grâce au travail de toute une équipe.

Édition : Jean-Baptiste Bourrat, Geoffroy Fauchier-Magnan,
Alain Faure et Ségolène Marbach
Couverture et conception graphique : Éric Pillault
à partir d'une photo de Jean-François Robert/modds
Révision : Isabelle Paccalet, Nathalie Reignier-Decruck
et Vladimir Sichler avec Alice Posière
Mise en page : Cursives
Photogravure : Point 11
Fabrication : Louise Clément
Commercial et marketing : Pierre Bottura
Coordination : Jean-Baptiste Noailhat
Marketing et communication digitale : Clémentine Malgras
Relations libraires : Laura Darmon
Presse et communication : Isabelle Mazzaschi
avec Axelle Vergeade
Les Arènes du savoir : Pierre Bottura avec Marc Blactot,
Adèle Hybre, Guillaume Lollier et Clémentine Malgras

Rue Jacob diffusion : Élise Lacaze (direction), Katia Berry
(grand Sud-Est), François-Marie Bironneau (Nord et Est),
Charlotte Jeunesse (Paris et région parisienne),
Christelle Guilleminot (grand Sud-Ouest), Laure Sagot (grand
Ouest), Diane Marethcu (coordination), Charlotte Knibiehly
(ventes directes) et Camille Saunier (librairies spécialisées)

Distribution : Interforum

Droits France et juridique : Bertille Comar et
Geoffroy Fauchier-Magnan
Droits étrangers : Flore Gurrey
Droits audiovisuel, théâtre, podcast : Alba Beccaria
et Geoffroy Fauchier-Magnan
Accueil et librairie : Laurence Zarra et Lucie Martino
Envois aux journalistes et libraires : Vidal Ruiz Martinez
Comptabilité et droits d'auteur : Christelle Lemonnier,
Camille Breynaert et Christine Blaise
Services généraux : Isadora Monteiro Dos Reis

Achevé d'imprimer sur les presses
de l'imprimerie Corlet à Condé-en-Normandie (Calvados)
en avril 2023.

ISBN : 979-10-375-0916-1
Numéro d'impression : 23010496
Dépôt légal : Mai 2023

L'ensemble de cet ouvrage a été réalisé dans le respect des règles environnementales en vigueur. Il a été imprimé par un imprimeur certifié Imprim'vert, sur du Munken print PEFC pour l'intérieur et une carte Crescendo PEFC pour la couverture.

IMPRIM'VERT®

PEFC™
10-31-1510

En France, un livre a le même prix partout.
C’est le « prix unique du livre » instauré par la loi de 1981 pour protéger le livre et la lecture.
L’éditeur fixe librement ce prix et l’imprime sur le livre.
Tous les commerçants sont obligés de le respecter.
Que vous achetiez votre livre en librairie, dans une grande surface ou en ligne, vous le payez donc au même prix.
Avec une carte de fidélité, vous pouvez bénéficier d’une réduction allant jusqu’à 5 % applicable uniquement en magasin (les commandes en ligne expédiées à domicile en sont exclues).
Si vous payez moins cher, c’est que le livre est d’occasion.